KB204068

028

팸플릿 028

밀양과 여러 현장 투쟁에서 배운
우리 시대 운동론

연대와 환대

박지호 지음

한티재

차례

| 3장 | **직접정치**

박성훈 (순천대학교 환경공학과 교수)

　2024년 6월 8일, 밀양행정대집행 10년을 맞아 전국 각지에서 밀양과 청도로 향하는 사람들을 태운 희망버스가 출발했다. 순천에서도 전세버스 두 대를 가득 채운 연대자들이 밀양에 다녀왔다. 하루 종일 비가 오는데 1,500여 명의 사람들이 밀양 할매들과 울다가 웃다가 춤추다가 하면서 다섯 시간을 함께 보냈다. 그중에는 전국의 투쟁 현장들마다 빠지지 않고 찾아가서 힘을 보태는 '프로 연대러'들도 있었고, 어쩌다 한번 당일치기 면피용 연대 활동으로 방문하는 나 같은 사람들도 있었고, 밀양 할매들의 사연과 소식을 접하고 너무 미안한 마음에 생전 처음 연대 방문이라는 것을 해 보는 사람들도 있었다.

　그날 밀양에서 보낸 시간이 왜 그리도 유난히 벅찬 기억으로 남았을까. 20년 가까이, 행정대집행 이후로도 만 10년을 바위처럼 나무처럼 버티며 싸워 오신 할매들을 만나서였을까. 그고맙고 자랑스러운 할매들이 도리어 우리한테 "고맙다"고 하시며 손을 잡아 주셔서였을까. 처음부터 끝까지 젊은 연대자들이 이끌어간 신선하고도 신났던 집회 분위기 때문이었을까. 온갖 시름을 날려 버리라는 듯 시원하게 퍼붓던 빗줄기 때문이었을까. 그 빗줄기를 아랑곳하지 않고 추던 춤 때문이었을까. 밀양에 다녀온 이후로도 우리는 그날의 기억으로부터 쉽게 빠져나오지 못했다. 그런 마음들이 모여, 희망버스 뒤풀이를 하자는 제안이 나왔고, 6월 25일 저녁에 순천 YMCA 노플라스틱 카페에서 뒤풀이 모임이 열렸다. 뒤풀이가 시작할 때까지만 해도 내가 오늘 이렇게 난생처음 '머리말'이라는 것을 쓰게 될 줄은 몰랐다.

모임을 며칠 앞두고 박지호 선생(우리는 평소 '지호쌤'이라고 부른다)이 뒤풀이 때 한 시간 남짓 강연 형식의 이야기를 하고 싶은데 괜찮겠느냐고 물어 왔다. 지호쌤은 순천에서 목요일마다 사회 현안을 걸고 시위를 하는 '사거리 목요 실천 행동'의 멤버로, 아사히글라스, 옵티칼하이테크 같은 비정규직 노동자들의 부당해고 철회 투쟁이나 지역 주민들의 송전탑 반대 투쟁 등의 현장에 연대하기 위해 구미로, 춘천으로, 밀양으로, 성주로, 울

산으로, 전국을 누비는 '프로 연대러'다. 삶이 곧 연대인, 동료 시민으로서 참 존경할 수밖에 없는 귀한 사람이다. 아마도 희망버스의 벅찬 기억이 가시기 전에 참가자들을 독려하고 조직해서 앞으로도 지속적인 연대 활동을 함께 해 나갈 수 있는 토대를 만들고 싶은 게 아닐까 하는 짐작을 했고, 그냥 먹고 마시고 노는 뒤풀이보다 훨씬 뜻깊은 뒤풀이가 될 수 있겠다는 생각에 단체 톡방에 그 제안을 소개했더니 역시 모두들 반기는 분위기였다.

그렇게 시작된 뒤풀이에서의 강연이었다. 강연의 취지와 내용에 대한 내 짐작은 반만 맞았다. 연대 활동의 지속가능성에 대한 고민은 물론이었지만, 이를 넘어 어떻게 하면 연대 활동이 개별 연대자들의 자족감과 알리바이로 소모되지 않고 사회를 변혁하는 힘으로 이어질 수 있을지에 대한, 지호쌤의 수많은 연대 활동 경험들로부터 비롯된 고민의 흔적들이 강연에 녹아 있었다. 밀양 희망버스의 경험이 왜 그렇게도 벅찬 기억으로 남았는지 그 이유를 강연을 들으면서 어렴풋하게나마 깨달을 수 있었다.

웃음을 터뜨리면서, 가슴 뭉클해 가면서, "맞아, 맞아" 하는 마음에 고개를 주억거리면서 강연을 듣고 난 우리는 이런 강연을 우리만 듣고 마는 것이 아까웠다. 강연이 끝나고 음식을 나누면서, 이런 강연이 이곳저곳에서 열려서 많은 사람들에게 알려져야 하지 않겠느냐는 이야기를 나눴다. 그러던 중 내가 강연 내용을 책으로 출판하면 자연스럽게 북토크 형식의 강연을 많이 할 수 있지 않겠느냐는 제안을 했고, 늘 그렇듯이 '제안한 자의 책임'으로 출판사 섭외의 임무가 주어졌다. 연대와 환대, 운동론, 변혁, 현장, 이런 이야기를 다룬 책을 내줄 만한 출판사로 한티재를 떠올린 것은 당연했는데, 한티재 편집장이 나한테 머리말을 쓰라고 시킬 줄은 또 몰랐다.

머리말을 쓰기 위해 원고의 초고를 읽었다. 한 시간으로 제한된 강연에서 못 다 했던 이야기들이 더 풍부하게 원고에 담겨 있었다. 원고를 읽으면서 새삼, 머리말을 써야 한다는 부담감에 책 출판 제안을 잠시나마 후회했던 것을 반성했다. 사회 운동과 진보에 애정을 갖고 있는 분들에게 이 책이 널리 알려지고 읽혀지기를 바란다. 그리하여 운동 당사자들과 연대자들의 마음과 실천이 '연대와 환대'라는 그물로 튼튼히 묶여 '세상을 변혁하는' 힘으로 '확장'되기를 바란다.

들어가며

노동자대회에 참가했던 기억이 난다. 하루 시간 내서 서울까지 왔다가 먼 순서대로 서둘러 내려가던 노동자들의 모습이 떠올랐다. 영화 〈태일이〉를 단체 관람했던 기억도 난다. 출입문을 나서면서 몇 사람이 울었지만 다들 기분이 울적해서인지 그냥 헤어졌다. 〈수라〉 영화를 봤을 때도 기억이 난다. 끝나고 감독과의 대화에서 구체적인 사실들을 몇 가지 묻더니 몰랐던 사실들을 알았다며 고개를 끄덕였다. 그것으로 끝이었다. 어떤 경우 어떤 문제에 대해서는 진지한 고민을 나누기도 하지만 그 고민이 이후로도 이어지고 힘을 얻기는 어려웠다. 이런 기억을 되새기며 발견하게 되는 건 우리 안에 도사리고 있는 일종의 만족감이었다. 시간을 내서 거기에 갔다는 만족감. 몰랐던 사실을 더 알게 됐다는 만족감. 그리고 서서히 잊어 가던 것을 반복 학습을 통해 다시 암기하게 되었다는 교육의 효과. 그 이상은 없었다. 원래부터 사회적 문제에 관심이 있던 우리가 갔지, 새로운 사람들이 간 게 아니었다. 그리고 우리도 그러한 만족감과 학습 효과 외에는 더 나아가지 못했다.

늘 그런 생각을 하던 차에 밀양에 다녀왔고 단톡방에 사람들의 후기가 올라왔다. 서로 사진을 교환하고 수고하셨다는 덕담이 이어졌다. 뒤풀이 시간을 갖자는 얘기도 나왔다. 거기서 강연 형식으로 얘기할 수 있는 시간을 달라고 졸랐다. (재미난) 뒤풀이 시간에 (무거운) 강연이 어울리지 않는다는 생각도 있었을 것이다. 하지만 나는 뒤풀이가 재미나게 흘러가는 것을 어느 정도는 막고 싶었다. 그 물길을 막은 자리에 연대와 환대라는 새로운 고민의 흔적을 세워 두고 싶었다. 다행히 강연 순서가 마련되었고, 강연 후 반응도 좋았다. 몇 사람이 이 내용을 책으로 내자고 제안했다. 내가 머뭇거리자 제안했던 사람은 출판사에 연락해 보겠다 하고, 촬영한 사람은 자기가 강연 녹취를 풀어 줄 테니 그거 다듬어서 내라고 했다. 이 책은 그렇게 탄생했다.

이 책의 목적은 일차적으로 2024년 6월 8일 순천에서 희망 버스로 밀양에 다녀왔던 연대자들이 이후 6월 25일에 마련한 뒤풀이 모임에서의 강연 내용을 더 많은 사람들에게 들려주기 위한 것이다. 그래서 강연 내용을 가급적 그대로 입말투로 실었다. 이 책에서 다루는 수치는 대개 개략적이다. 때로는 정확한 수치가 정확한 인식을 담보하지 않는다. 우리에게 필요한 수치는 현실을 제대로 이해하기에 도움이 되는 수치들이다. 이러한 수치들은 선언적이기도 하고 공격적이기도 하다. 가치중립적이지 않다. 독자들께서는 때로 정확하지 않은 수치가 나오더라도 감안해서 읽어 주시기 바란다. 이 책이 나오도록 뒤풀이 자리에서 먼저 제안해 주신 분과, 바쁜 중에도 녹취를 풀어 주신 분과, 어쭙잖은 내용을 책으로 만드느라 고생하신 출판사 일꾼들에게 감사의 말씀을 전한다.

1

노동의 분화

조금 전에, 무슨 말씀을 어떻게 나눌까 하고 생각해 봤습니다. 어떤 분들이 오시느냐에 따라 다를 것 같았습니다. PPT는 게을러서 만들지 못했는데, 뭐 물론 전문 강사도 아니지만 그런 건 별로 내키지 않더라고요. 그날 분위기에 맞춰서 진솔하게 얘기하는 편입니다. 그래서 어떻게 얘기가 풀릴지는 저의 책임만도 아니고 여기 있는 우리 모두의 책임이라고 주장하고 싶습니다(웃음).

오늘 시간을 내주셔서 감사합니다. 순천의 자발적인 연대자들과 함께 언제 한번 이런 얘기를 나누고 싶었습니다. 오늘 주제가 '연대와 환대'인데, 이런 말 들어 보셨나요? 연대라는 말, 환대라는 말, 익숙한 것 같기도 하고 아닌 것 같기도 합니다. 저는 연대 다니면서 이런저런 생각들을 평소에 많이 했습니다. 아마 말씀 들으시면 "나도 그랬는데" 하고 공감하실 겁니다. 저 혼자 그런 답답한 생각들을 풀어 나가다 보니, "이렇게 돼야 할 텐데, 이건데, 이건 왜 안 되지?" 하고 그 생각을 이어 가게 되었고, 그래서 그것들을 한번 말씀드려 보고 싶었습니다. 마침 지난 6월 8일에 모두 다녀오셨으니까 밀양이라는 소재도 좋은 것 같습니다. 그래서 그런 소재와 주제를 가지고 말씀을 나눠 보겠습니다. 밀양 얘기부터 시작하겠습니다.

밀양 행정대집행 10년

모두 버스 타고 가셨나요? 행사의 정식 이름은 '밀양 행정대집행 10년, 다시 타는 밀양 희망버스'였습니다. 2024년 6월 8일, 이날 오후 1시에 도착해서 밀양, 청도 주민과 함께 먼저 용회마을, 여수마을, 고정마을, 평밭마을, 청도 삼평리의 송전탑 현장을 방문했습니다. 오후 4시부터는 본 집회로 밀양 영남루 맞은편 둔치공원에서 '윤석열의 핵폭주 정책 원천봉쇄 결의대회'를 가졌습니다. 이 행사는 최근 정부가 '제11차 전력수급기본계획'에 따라 핵발전소 증설 계획을 추진할 가능성이 있어서 이를 사전에 저지하기 위한 것이었습니다.

어땠습니까, 좋았습니까? 저도 좋았습니다. 이날 행사는 다른 집회 현장과 달리 약간 특색이 있었습니다. 큰 행사로 모였으니 좀 더 전문적인 사회자를 샀을 법도, 그러니까 섭외했을 법도 한데, 그냥 젊은 현장 활동가 두 분이 다 해 나갔습니다. 근데 잘하더라고요. 능숙하다기보다 신선하다고 할까, 저는 그런 면이 좋았습니다. 그리고 끝날 무렵, 밴드 이름을 저는 모르지만, 자유로운 영혼을 소유한 것 같은 분들이 연주하고 젊은 분들이 같이 나와서 춤추고 하는 모습도 되게 새로웠습니다. 투쟁가가 하나도 안 나왔다는 것도 특이했습니다. 좋다 나쁘다 하는 뜻은 아니고요. 다른 집회에서 보면 좀 부드러운 민중가요라도 대개 한두 곡 하거든요. 〈함께 가자 우리 이 길을〉이나 〈바위처럼〉 같은 노래도 있습니다. 그런데 투쟁의 결기를 다질 수 있는 어떤 장치, 이런 것보다는 그냥 자유롭게 하시더라고요. 그게 특이했습니다.

또 하나, 아 저래도 되나 싶을 정도로, 저기 문정현 신부님 앉아 계시고, 저기 정의당 신임 대표 권영국 님 와서 무대 보고 계시고, 기후정의동맹의 채효정 님 눈에 보이고, 송경동 시인, 꿀잠의 김소연 님, 쟁쟁한 사람들이 많이 앉아 있었는데 아무도 소개를 안 했습니다. 다른 집회에서는 대개 그런 분들이 나와서 발언을 하게 되는데, 그래야 언론의 주목도 받고 그러잖습니까? 끝까지 한 명도 나오지 않으셨고, 대신 밀양 송전탑 반대 투쟁의 당사자들이 계속 발언을 끌어갔습니다. 저는 좋기도 하고, 저래도 되나 싶기도 했습니다. 어쨌든 그런 게 특색이 있었고요. 끝나고 대책회의 하는 데 참석해 보니, 어느 분이 "세대 교체가 이뤄졌다" 이런 표현을 쓰셨습니다.

밀양 송전탑 반대 투쟁

이 자리에서 밀양 송전탑 반대 투쟁에 대해서도 개략적으로 살펴보는 게 좋을 것 같습니다. 밀양 송전탑 반대 투쟁은 2000년 1월, 정부가 '장기전력수급계획'을 수립하고 그에 따른 세부 계획을 추진하면서 촉발되었습니다. 핵발전소 신고리 3, 4호기를 완공하면 그 전력을 신고리(울산)에서 북경남(창녕)으로 보내기 위해서 경과지마다 초고압인 765kV 송전탑을 세우기로 했습니다. 총 162기라 그러죠? 밀양 관내에만 69기가 포함되어 있었습니다. 정부는 2005년 8월에 형식적인 주민설명회를 거쳐 토지 수용과 보상 절차를 시작했습니다. 이에 그해 12월에 밀양 여수마을 주민들이 한국전력 밀양지사 앞 반대 집회를 벌이면서 밀양 송전탑 반대 투쟁이 시작되었습니다. 이후 2012년 1월, 보라마을 주민 이치우 어르신(당시 74세)이 송전탑 건설에 반대하여 분신하시면서 밀양 주민들의 투쟁이 전국적으로 알려지는 계기가 되었습니다. 잠시 공사를 중단하였던 한

전이 2013년 10월에 다시 마지막 13차 공사를 재개하여 송전탑 반대 투쟁이 본격화되었고, 이어 그해 12월에는 주민 유한숙 어르신이 음독자살하는 사태까지 벌어졌습니다. 마침내 다음 해 2014년 6월 11일에는 마지막까지 버티던 4개 농성장(용회마을 101번, 고정마을 115번, 위양마을 127번, 평밭마을 129번. 번호는 765kV 송전탑 예정지에 붙인 번호)이 행정대집행이라는 이름으로 철거되기에 이릅니다. 그리고 송전탑은 그해 연말에 완공되었습니다.

하지만 이후에도 밀양 주민들은 연대자들과 함께 '한 평 프로젝트 농사', '밀양연대 바느질방', '탈탈낭독회' 등 밀양 투쟁을 알리기 위한 다양한 활동을 꾸준히 이어 왔습니다. 한 평 프로젝트 농사는 농사로 연대를 지속하기 위한 취지로 밀양 동화전마을에서 시작했습니다. 연대자들이 땅 한 평씩을 정하면 주민들이 대신 농사를 지어 주고 그 연대자들에게 농산물을 보내 주는 방식이었습니다. 농산물 값은 주민들의 투쟁 활동에 쓰였습니다. 밀양연대 바느질방은 행정대집행 이후 용회마을 주민과 어린이책시민연대가 주축이 되어 만든 바느질 모임입니다. 마을에 송전탑이 올라가는 것을 봐야 하는 주민들은 연대자들과 지속적으로 교류하고 바느질을 하면서 상처를 잊고 위로받는 시간을 가질 수 있었습니다. 어린이책시민연대 조직을 타고 전국적으로 팔려 나간 바느질방 물건들은 밀양대책위 활동을 위한 자금이 되었습니다. 밀양연대 바느질방은 지금까지도 십 년 넘게 활동을 계속하고 있습니다. 탈탈낭독회는 작년 2023년에 밀양행정대집행 9주년 행사로 기획된 것으로, 지금까지 일 년 동안 전국 곳곳에서 열리고 있는 낭독회입니다. 연세대 김영희 교수의 책 『전기, 밀양-서울』을 낭독하며 밀양 투쟁의 의미를 되새기고 우리가 해야 할 일을 이야기 나누는 자리입니다. 탈탈은 탈핵탈송전탑의 줄인 말입니다. 이렇게 밀양은 여전히 활동을 이어 가고 있습니다.[*]

이야기 시작

어쨌든 우리가 그런 체험을 하고 온 것을 '연대 간다' 이렇게 말합니다. 연대, 요즘 연대라는 말을 쓰는데, 연대가 뭘까요? 이게 연대이면 우리가 뭘 하는 걸까요? 그런가 하면 '연대와 환대'라는 말도 한 세트로 종종 쓰는데 그건 도대체 뭘까요? 현장에서 일반적으로 쓰이는 용법을 따르자면, 연대 간다고 하고,

---

[*] 밀양 송전탑 반대 투쟁: 밀양765kV송전탑반대대책위원회 발간 『밀양 송전탑 반대 투쟁 백서 2005-2015』 참고.

가서 연대를 해 줍니다. 연대를 제공합니다. 저기 투쟁하는 노동자나 주민이 있습니다. 거기 가서 힘을 보태 줍니다. 이걸 연대 간다고 합니다. 환대라고 하면, 따로 자주 쓰는 말은 아니지만, 연대와 환대를 이어서 한꺼번에 쓰게 되면 투쟁하는 노동자나 주민분들이 거기 오는 분들을 따뜻하게 맞아 주는 거, 그렇게 대하는 태도를 환대라고 합니다. 그러니까 입장과 위치가 달라지죠. 우리가 연대하고 그분들이 환대합니다. 보통 연대와 환대라는 말은 그렇게 쓰고, 저도 큰 맥락에서 동의합니다. 그런데 굳이 무슨 말이 더 필요할까요?

제가 여기서 드리려는 말씀은 대체로 이렇습니다. 현대 사회는 소위 제도적 민주주의가 정착되면서 겉으로는 안정적으로 보여도 속으로는 불평등이 심화되었습니다. 그 구조 속에서 수많은 사람이 죽음으로 내몰리고 있습니다. 이런 세상을 시급히 중단하고 새로운 사회의 가능성을 제시해야 하는데, 기존의 운동 방식으로는 도무지 희망이 보이지 않습니다. 노동이 분화된 사회에서 계급적 단결은 예전에 세상을 멈추게 하던 큰 단결에서 이제는 겨우 명맥만 유지하는 작은 단결로 파편화되었습니다. 아니, 점차 그마저도 사라져 고립되고 개별화되는 추세입니다. 그래서 이에 대한 대안으로 저는 연대를 얘기합니다. 연대는 단결된 모습 그 자체를 강조하는 방식이 아니라, 단결에 이르게 되는 과정이나 관계에 주목하는 방식입니다. 이를 통해 우리가 잃어버린 큰 단결을 다시 가져와야 한다고 생각합니다. 그리고 연대가 확장되기 위해서는 연대를 제공하는 사람들뿐 아니라 연대를 수용하는 사람들에게도 환대의 정신과 방법이 필요하다고 저는 주장합니다. 이 모든 제안은 만약 우리가 사는 지금 이 세상이 살 만하고 견딜 만하다면 필요 없는 행동이 될 것입니다. 하지만 세상은 너무나 힘듭니다. 그 세상 얘기부터 해 보겠습니다. (그림 1 참조)

살기 힘든 나라 : 산재 사망

우리나라의 산재 사망자 수가 일 년에 2천 명 이상입니다. 통계청이 제공하는 통계 서비스 포털인 코시스(KOSIS)에 의하면 최근 5년의 산재 사망자 수는 2018년에 2,142명, 2019년에 2,020명, 2020년에 2,062명, 2021년에 2,080명, 2022년에 2,223명으로 매년 2천 명을 상회하고 있습니다. 아직 2023년 자료는 제공되지 않았습니다.* 사망 사고와 질병으로 인한 사

---

* 산재 사망자 수: 이 책 원고 작성일 현재 2023년 자료는 아직 제공되지 않았다.

[그림 1] 살기 힘든 나라

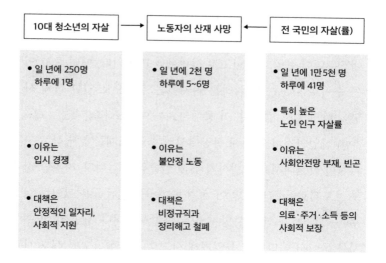

10대 청소년의 자살 → 노동자의 산재 사망 ← 전 국민의 자살(률)

10대 청소년의 자살
- 일 년에 250명
  하루에 1명
- 이유는
  입시 경쟁
- 대책은
  안정적인 일자리,
  사회적 지원

노동자의 산재 사망
- 일 년에 2천 명
  하루에 5~6명
- 이유는
  불안정 노동
- 대책은
  비정규직과
  정리해고 철폐

전 국민의 자살(률)
- 일 년에 1만 5천 명
  하루에 41명
- 특히 높은
  노인 인구 자살률
- 이유는
  사회안전망 부재, 빈곤
- 대책은
  의료·주거·소득 등의
  사회적 보장

망을 합친 숫자입니다. 정부에서 산업재해로 인정한 사망자만 그러하니까 아마도 실제 산재 사망은 훨씬 더 많을 겁니다.

이 수치와 관련해서 짚고 넘어갈 게 있습니다. 윤석열 정부 들어 2022년부터 고용노동부는 '재해조사 대상 사망 사고'라는 이름의 산업재해 현황 부가 통계자료를 발표하고 있습니다. 그 자료에 따르면 2021년에 683명, 2022년에 644명, 2023년에 598명이 산업재해 사고로 사망했다고 합니다. 매년 줄고 있는 수치로 나오는데, 여하튼 여기에는 질병으로 인한 산재 사망이 빠져 있는 겁니다. 이 통계자료는 아마도 (좋은 뜻으로 해석하면) 산업안전과 관련해 현장에서의 책임 소재를 분명히 하고 적절한 안전대책을 수립하기 위해 만들었을 겁니다. 하지만 정부 보도자료를 그대로 받아 적기 좋아하는 언론들은 고의든 실수든 이를 전체 산재 사망자 수로 둔갑시킵니다. 단순히 이 수치를 들어서 이만큼이 산업재해 사고로 사망했다고만 해도 사람들은 모두 이만큼을 전체 산재 사망으로 받아들입니다. 시민들이 수치를 사고와 질병으로 분별해서 다 알고 있기는 어려우니까요. 그런데 심지어 어떤 언론은 이 수치를 인용하면서 "산재 사망자 수가 감소했다"고 보도합니다. 어이없는 일이죠. 앞서 말했지만, 산재 사망자 수는 매년 2천 명 이상이었고, '재해조사 대상 사망 사고'가 감소했다는 2021~2022년 기간에도 산재 사망은 오히려 증가했습니다. 그런데도 정부는 사망 사고가 6백여 명이라는 자료를 내보내면서 매년 산재 사망이 2천 명 이상에 이르는 우리나라의 현실을 기만하고 은폐하고 있습니다.

여하튼 2천 명이라 하면 하루에 평균 5~6명 꼴입니다. 하루에 매일 5~6명의, 우리 아버지이거나 어머니이거나, 아들딸이거나, 할아버지 할머니이거나 하는 우리의 가족이 일하러 나갔다가 혹은 그와 관련된 질병으로 죽는다고 생각하면 기가 막힐 노릇입니다. 그런데 이런 내용이 뉴스에는 거의 안 나옵니다. 만일 매일 저녁 9시 뉴스에 그날 산재로 사망한 사람들의 이름이 나온다면 어떻게 될까요? 일하다 죽은 그들의 일터와 그들의 가족, 그리고 그들이 생전에 살았던 일상이 뉴스에 간략하게라도 소개된다면(이게 바로 추모일 텐데!) 이 사회는 벌써 달라졌을 것입니다. 매일 일어나는 일이라 무감각해졌을까요? 산재 사망은 불가피한 일, 안타깝지만 어쩔 수 없는 일로 주류 사회가 간주하고 있는지도 모릅니다. 아니면 그러한 내용이 계속 알려지다가는 정부나 기업이나 좋은 일이 별로 없을 테니 일부러 감추고 있는지도 모를 일이죠.

뭔가 대책이 필요할 것입니다. 산업재해를 방지하려면 산업 안전 시설을 더 확충해야 합니다. 위험한 일은 2인 1조로 해야 하니까 인력도 더 많이 필요하겠습니다. 야간작업, 연장근무 같은 것도 줄이고, 법정 노동시간도 더 엄격하게 적용해야 할 것입니다. 그리고 무엇보다 이 사회에 만연한 불안정 노동을 줄여야 할 것입니다. 비정규직 제도를 없애고, 소위 정리해고 라는 것도 없애거나 더 제한적으로 적용해야 할 것입니다. 노동자들이 정규직의 절반밖에 안 되는 임금을 받고 비정규직으로 일하거나, 언제 해고될지 모르는 불안정한 상태에 놓여 있는 한, 산업재해는 불가피합니다. 이런 구조 속에서는 굳이 사용자나 중간 관리자가 시키지 않아도 노동자들은 '일할 수 있을 때 일해야 하므로' 스스로 무리해서 일할 수밖에 없습니다. 그러다가 산재가 발생합니다. 산재는 산업안전 대책만 수립한다고 해결할 수 있는 일이 아닙니다.

살기 힘든 나라 : 10대 청소년 자살

우리나라 10대 청소년이 일 년에 평균 250명이 자살을 합니다. 여기서 10대 청소년이란 만 13세에서 만 18세까지, 학교에 다니는 경우 중학교 1학년에서부터 고등학교 3학년까지 연령대의 청소년을 말합니다. 세계적으로 10대 청소년이란 그런 뜻이죠. 그래야 다른 나라와 비교가 가능할 것입니다. 하지만 통계청 자료 「국민 삶의 질 2023」에는 만 10세부터 만 19세까지의 인구 10만 명당 자살자 수인 자살률만 10대 청소년 관련 자료로 보고하고 있습니다. 그 보고서에 따르면 2018년에 10만 명당 5.8명이, 2019년에 5.9명이, 2020년에 6.5명이, 2021년에 7.1명이, 2022년에 7.2명이 자살을 했다고 합니다. 매년 증가하고 있습니다. 이 자료를 2024년 6월 현재 해당 인구(10세~19세, 4,631,337명)를 기준으로 역산해 보니 2018년에 269명, 2019년에 273명, 2020년에 301명, 2021년에 329명, 2022년에 333명이 자살을 했다고 나옵니다. 그러니 여기서 13세부터 18세까지의 10대 청소년 자살자 수를 평균 250명으로 보는 데 무리가 없습니다.

250명이면 하루 평균 거의 한 명꼴로 자살을 합니다. 그 이유는 학교 폭력, 집단 따돌림, 가정 형편 등 여러 가지가 있겠으나 가장 크게는 성적 때문입니다. 성적이 뒤처지는 학생뿐 아니라 성적이 뛰어난 학생도 경쟁에서 오는 압박감을 이기지 못하고 자살을 합니다. 형편이 이러니 자살까지는 아니어도 얼마나 많은 학생이 불행한 학교 생활을 하고 있겠습니까? 다 입시경쟁 때문입니다. 그리고 입시경쟁이 치열한 이유는 졸업 후에 취업할 좋은 일자리가 절대적으로 부족하기 때문입니다.

매년 평균 50만 명이 대학 입시를 치릅니다. 한국교육과정평가원이 접수한 원서를 기준으로 대학수학능력시험 지원자 수를 살펴보면, 2020학년도 548,734명, 2021학년도 493,433명, 2022학년도 509,821명, 2023학년도 508,030명, 2024학년도 504,588명이었습니다. 그중에 취업과 직결되는 소위 좋은 대학, 좋은 학과라는 곳의 정원은 약 5만 명밖에 되지 않습니다. 그리고 이른바 좋은 일자리라고 분류되는 공기업과 대기업의 신규 채용 인원도 매년 5만 명 정도밖에 되지 않습니다. 그러니 50만 명 중의 5만 명, 입시경쟁에 내몰린 젊은이 중 딱 10% 정도만 경쟁에서 살아남을 수 있는 것입니다. 그리고 아시겠지만, 그중의 절반은 서울하고도 강남 지역에서 부모의 막강한 지원을 등에 업은 학생들이 차지합니다. 결국, 서울 강남 지역에 살지 않는 사람들이 학교라는 경쟁 시스템을 통해서 원하는 대학과 원하는 일자리를 얻을 확률은 5%밖에 되지 않는다는 얘기가 됩니다. 그런데도 이 사회는 학생들을 오직 한 곳으로 내몰고 있습니다. 10대 청소년들이 희망 대신 절망을 선택하는 이유가 바로 여기에 있습니다.

하지만 사회는 청소년의 자살을 단순히 개인의 심리적 차원에서 접근하려 하고 있습니다. 자살을 시도한 사람의 90%가 정신과 질환을 가지고 있다며 자살의 원인을 정신병리의 일종으로 치부합니다. 그래서 대책으로도 학교에서 학생을 대상으로 정기적인 심리검사를 진행한다거나, 학생이 가족들과 깊은 유대 관계를 맺을 수 있도록 각 가정을 대상으로 하는 프로그램을 개발한다거나 하는 그런 것을 언급합니다. 긍정적인 자기 이미지를 갖게 하는 프로그램과 스트레스 통제 기법 따위가 연구됩니다. 청소년 자살의 가장 큰 원인이 학업 스트레스 때문이라고 올바르게 지적하는 경우에도 그 해결책은 구조적으로 나아가지 못하고 편협한 제도 개선에 머물고 맙니다. 그래서 입시제도만 계속 바꿉니다. 어차피 들어가야 할 자리는 10% 혹은 5%인데, 그걸 그대로 두고 들어가는 기준만 바꾼다고 뭐가 달라지겠습니까? 공기업, 대기업이 아니더라도 자신의 노동으로 미래를 설계할 수 있는 안정적인 일자리가 필요합니다. 더 나아가 전통적인 의미의 취업을 하지 않더라도 자신의 삶과 사회의 필요에 긍정적으로 기여하며 살아갈 수 있는 사회적 지원이 필요합니다. 사회가 이런 방향으로 재구성되지 않는다면 입시경쟁으로 인한 10대 청소년의 자살은 조금도 멈출 수가 없습니다. 10대 청소년의 자살은 치료되어야 할 개인적 사안이 아니라, 해결해야 할 우리 사회의 총체적 문제입니다.

살기 힘든 나라 : 국민 자살률

우리나라는 전 세계에서 자살률이 가장 높습니다. 자살률은 인구 10만 명당 자살자 수를 말하는데, 다른 나라와 비교하거나 변동 추이를 관찰하기에 편리합니다. 통계청 자료에 따르면 우리나라의 자살률은 2019년에 26.9명, 2020년에 25.7명, 2021년에 26.0명, 2022년에 25.2명, 2023년에 26.7명(잠정치)입니다. OECD 평균이 대개 11명 정도이니, 국가 간의 차이를 보정하더라도(OECD 연령표준화 자살률 적용) 우리나라 자살률이 다른 나라의 두 배를 훨씬 넘습니다.

하지만 자살률은 자살의 규모를 체감하여 현실을 이해하는 데는 어려움이 있어서, 저는 자살자 수를 더 중요하게 얘기합니다. 같은 연도의 자살자 수는 2019년에 13,799명, 2020년에 13,195명, 2021년에 13,352명, 2022년에 12,906명, 2023년에 13,661명(잠정치)으로 나왔습니다. 최근 5년간 자료에서는 자살자 수가 대략 1만 3천 명에서 1만 4천 명 사이로 기록되었으나, 수치는 항상 유동적이어서 저는 이해하기 쉽게 1만 5천 명으로 봅니다. 참고로 이명박 정부 시절에는 2009년에 15,412명, 2010년에 15,566명, 2011년에 15,906명으로 자살자 수가 거의 1만 6천 명에 육박하기도 했습니다.

1년에 대략 1만5천 명이 자살하는 것으로 보면 하루에 평균 41명이 자살을 합니다. 시간으로 나누면 35분마다 한 명씩 자살합니다. 믿어지지 않지만 사실입니다.

이 중에서 특히 눈에 띄는 내용은 노인 인구의 자살률이 상대적으로 높다는 것입니다. 예컨대 앞서 2022년의 우리나라 자살률이 25.2명이었는데, 그해 70대 인구의 자살률은 37.8명을 기록했고 80세 이상 노인 인구의 자살률은 무려 60.6명으로 나타났습니다. 이렇게 노인 인구의 자살률이 유독 높은 현상은 관련 통계자료가 산출된 2015년 이후부터 매년 반복되고 있는 현상입니다. 노인이 자살하는 가장 큰 이유는 놀랍게도 빈곤으로 나타났습니다. 늙어서 자식에게 폐가 되지 않으려고 자살을 한다니 자살하는 이유도 너무나 서글픕니다. 젊어서 평생을 가족과 사회를 위해 일하셨을 분이 이제 늙어서 자식에게 기댈 수밖에 없는 처지가 되었습니다. 또 자식은 자식대로 부모를 제대로 부양할 형편이 되지 않습니다. 거기에는 의료, 주거, 소득 등의 사회적 문제가 밀접하게 결부되어 있습니다.

큰 병에 걸렸을 때 병원에서 제대로 치료받기 위해서는 큰 돈이 듭니다. 우리나라는 전체에서 국공립병원이 차지하는 비중이 5%에 불과한 나라입니다. 이는 OECD 평균 공공의료 비중인 73%에 비해서 턱없이 낮은 수치입니다.* 그마저도 수도권에 편중되어 있습니다. 우리나라가 공공의료가 중심이 된 무상 의료를 지향하는 사회였다면 경제적인 이유로 자살을 선택하는 경우가 현저히 줄어들 것입니다. 주거도 마찬가지입니다. 우리나라는 주택보급률이 100%가 넘는 나라입니다.** 그러나 국민의 40%는 아직도 자기 집이 없어서 전·월세로 고통받고 있습니다. 대출을 받아 집을 마련한 사람들은 과중한 은행 이자에 시달리고 있습니다. 주거도 재산권의 개념이 아니라 주거권의 개념으로 접근하여 공공무상주택을 확대한다면 주택으로 인한 불필요한 비용과 고통을 줄일 수 있을 것입니다.

공산당 선언

가난한 사람들이 힘들게 사는 건 어제오늘의 일이 아니고 사실 우리나라만의 문제도 아닙니다. 유럽도 자본주의가 시작될 무렵에 엄청 힘들었다고 합니다. 그 시대상을 반영하는 소설인

---

* 공공의료 비중: 노동당 15대 핵심공약 자료(2021. 2. 17) 참조.
** 주택보급률: 우리나라 가구 수는 2018년을 기준으로 약 1,998만, 주택 수는 약 2,082만으로 주택보급률이 104%로 나타났다.

『올리버 트위스트』를 보면 이런 대목이 나옵니다.

두 사람은 주민이 제일 많아서 인파가 붐비는 지역을 지나며 오랫동안 걷다가 지금까지 지나온 어떤 거리보다 더럽고 비참한 골목으로 접어들어, 잠시 걸음을 멈추고 자신들이 찾는 건물을 둘러보기 시작했다. 골목 양쪽으로 쭉 늘어선 주택은 높고 큼직해도 매우 낡았다. 세 들어 사는 사람들은 제일 가난한 계층인데, 이런 사실은 남녀가 이따금 누추한 차림으로 팔짱 끼고 몸뚱이 절반을 겹친 채 사람들 눈길을 피하며 지나는 광경이 아니더라도 주민마다 허술하게 차려입은 외모에서 여실히 드러났다. 셋집 건물 대부분은 정면이 상점인데 모두 꽁꽁 틀어막아서 곰팡이만 가득한 채 썩어 가고, 위층은 사람들이 살았다. 건물 일부는 오랜 세월에 걸쳐서 썩어들어 위태롭게 변한 나머지 길거리로 무너지는 걸 막으려고 거대한 나무 기둥을 도로에 단단히 대서 벽을 떠받쳤다. 하지만 이렇게 금방이라도 무너질 것 같은 건물조차 문이며 창문 자리에 아무렇게나 댄 판자를 여기저기 뜯어내서 사람이 드나들 구멍을 만들어 놓은 걸 보면 가엾은 사람들이 밤마다 머무는 게 분명했다. 도랑은 물이 고여서 썩은 냄새가 진동하고 쓰레기더미 여기저기에는 쥐들이 끔찍한 굶주림에 시달리다 쓰러져서 함께 썩어 갔다.*

    영국의 작가 찰스 디킨스**가 쓴 장편소설입니다. 소설의 시대적 배경이 19세기 영국의 산업혁명입니다. 런던의 뒷골목을 배경으로 올리버 트위스트라는 고아 소년이 겪는 파란 많은 인생 여정을 통해 영국 사회의 불평등한 계층화와 산업화의 폐해를 비판하고 있습니다. 작가가 이 시대 사람입니다. 디킨스는 소설에서 1834년 영국에서 시행한 '신빈민구제법'에 대해 비판하고 있습니다. 이 법은 공적 구호(救護)가 빈민을 게으르게 만든다며 예산을 대폭 줄이고 빈민에게 강제 노동을 시켰습니다. 거리에서 거지를 없애기 위해 도시마다 '구빈원'을 지었는데, 구빈원의 인권 유린이 감옥보다 더했습니다. 소설의 주인공인 올리버는 당시 17세인가 그랬는데 바로 이런 구빈원에서 자라다 탈출했습니다. 시설에서는 밥을 제대로 안 주고 수시로 굶겨서 올리버는 몸이 빼빼 마르고 아팠습니다. 올리버처

---

* 찰스 디킨스, 『올리버 트위스트 1』, 비꽃, 2016, 276~277쪽.
** 찰스 디킨스(Charles Dickens, 1812~1870): 19세기의 영국을 대표하는 소설가로 『올리버 트위스트』 『데이비드 코퍼필드』 『위대한 유산』 등을 비롯하여 14권의 장편소설이 있으며, 유명한 『크리스마스 캐럴』을 비롯한 다수의 중단편 소설과 여러 산문 작품을 남겼다.

럼 이렇게 자란 소년들은 몸집이 작다는 이유로 굴뚝 청소부로 팔려 갔습니다. 굴뚝 안의 재와 그을음을 제거하기 위해 사람이 굴뚝 안으로 들어가던 시대였습니다.

칼 마르크스*도 같은 시대 사람입니다. 1818년에 태어나서 1883년에 죽었습니다. 이 사람이 이 시대에, 즉 1848년에 인류 역사상 가장 유명한 팸플릿을 발행했습니다. 『공산당 선언』** 입니다. 생산방식이 사회제도의 성격을 규정하고 정치와 사회적 의식의 기초가 된다는 유물사관을 바탕으로 합니다. 자본주의사회의 기본 모순, 자본주의의 멸망과 사회주의, 공산주의의 도래를 주장하고, 더 나아가 프롤레타리아 혁명을 포함하여 무계급 사회를 향한 일련의 행동을 제안하고 있습니다. 이러한 내용은 러시아를 비롯한 동유럽, 남미 등의 사회주의 운동의 기초가 되었습니다.

여기서 마르크스는 "하나의 유령이 유럽을 거닐고 있다. 공

---

* 칼 마르크스(Karl Heinrich Marx, 1818~1883): 프로이센 왕국(현재 독일) 출신의 철학자, 역사학자, 경제학자, 정치이론가이자 혁명적 사회주의자. 대표적인 저서로는 『헤겔 법철학 비판』, 『포이어바흐에 관한 테제』, 『독일이데올로기』, 『공산당 선언』, 『정치경제학 비판 요강』, 『잉여가치론』, 『임금, 가격, 이윤』, 『자본론 1권』, 『고타 강령 비판』 등 다수와, 사후에 출간된 『자본론 2권』과 『자본론 3권』이 있다.
** 칼 마르크스와 프리드리히 엥겔스가 공동 집필(1848), 런던에서 독일어로 처음 출간되었다.

산당이라는 유령이"라고 하며 글을 시작합니다. 이 사람이 그때 서른 살입니다. 그러니까 혈기 왕성할 때죠. 짧은 팸플릿인데 대단히 선동적인 글입니다. 그 맨 마지막 문장에 뭐라고 썼느냐 하면, "만국의 노동자여, 단결하라" 그랬습니다. 그 앞 문장에 "프롤레타리아가 혁명에서 잃을 것은 쇠사슬이고, 얻을 것은 전 세계다" 이랬습니다. 그러니 단결해야 하는 이유가 거기 적혀 있는 것입니다. 마르크스 생각에는, 노동자계급이 단결하면 노예와 다를 바 없는 노동자 신분의 억압과 착취를 드디어 끊어내고 전 세계를 노동자들이 얻을 것이다, 이런 말이었습니다. 그래서 단결하라 그랬습니다. 단결하라는 말은 투쟁하라는 뜻, 노동자더러 파업하라는 뜻이었습니다. 지금이야 노동의 권리가 인정되면서 노조를 결성할 권리(단결권), 교섭할 권리(단체교섭권), 정당한 절차를 거쳐서 파업할 권리(단체행동권) 등 소위 노동 3권이라는 게 있지만, 그 당시에는 단결하라고 하면 싸우라는 뜻, 노동자의 경우 파업하라는 뜻입니다.

지금 이 말씀을 왜 드리고 있습니까? 우리나라뿐 아니라 유럽에서도 가난한 사람들이 힘들게 살아왔고 지금도 힘들게 살고 있다는 말씀입니다. 그리고 예전에는 이 문제에 대항하기 위해서 파업이라는 방법을 선택했다는 말씀입니다.

노동절의 유래 : 선거권

마르크스가 죽고 3년 정도 지난 1886년에 전 세계적으로 지금까지 가장 유명한 파업이 있었습니다. 그게 5월 1일에 발생했습니다. 그래서 지금 5월 1일 메이데이를 하는 겁니다. 1886년 5월 1일 미국 시카고 노동자들의 총파업을 우리가 얘기합니다. 그 당시 그들의 요구 사항이 8시간 노동할 권리, 8시간 휴식할 권리, 8시간 교육받을 권리였습니다. 당시에는 대개 하루에 14시간씩 노동을 했습니다. 그럼 한 10시간 남겠죠? 잠자고 먹고 하면 하루가 끝났습니다. 그러니까 그야말로 노동자는 밥 먹고 노동력을 재생산해서 나가서 일하는 기계와 다를 게 없었습니다. 그런데 노동자들이 요구한 게, 8시간 교육받을 권리를 달라, 이렇게 말했거든요. 그러기 위해서 노동시간을 8시간으로 줄여야 합니다. 8시간 교육받을 권리, 이게 왜 이렇게 대단할까요? 지금 보면 그렇게 얘기할 수도 있을 법한데 말이죠.

1886년, 그러니까 19세기 중후반 이럴 때는 유럽을 중심으로 한 선진 자본주의 국가들이 이제 막 남성 노동자들에게 선거권을 내어주기 시작하던 때였습니다. 프랑스는 1848년에 2월 혁명으로 제2공화정이 수립됐습니다. 거기서 최초로 대통령 선거를 치렀지만, 대통령에 당선된 루이 나폴레옹이라는 사람이 1851년에 쿠데타를 일으켜서 자신을 황제로 등극시켰습니다. 다시 제정시대로 돌아간 거죠. 그래서 이후에 넓은 의미의 프랑스혁명이 종결되는 시점, 즉 1871년 파리 코뮌을 거쳐 제3공화정이 수립된 후에야 선거권이 정착되었다고 봅니다. 이렇듯 프랑스에서 선거권은 1789년에 시작하여 1871년에 와서 완결된 기나긴 혁명의 결과로 쟁취된 것입니다. 영국에서는 노동자의 선거권을 요구하는 차티스트 운동(인민헌장 운동, 1838~1848년)을 거쳐서 이후 1884년에 도입되었습니다. 한편 미국은 인종차별을 금지하는 법안이 통과되어 흑인들도 선거권을 행사할 수 있게 된 1965년에 와서야 실제로 보통선거권이 보장되었다고 봐야겠습니다. 우리나라는 해방 후 1948년입니다. 그러니까 그전까지는 유럽에서 정치를 누가 했다는 얘기입니까? 귀족들이 했다는 얘기입니다. 노동자들은 먹고 일하는 존재이지, 무슨 정치 얘기를 합니까? 정치뿐만 아니라, 귀족들이 생각하기에는, 이 세상이 어떻게 만들어지고 어떻게 굴러가는 게 맞다 하는 일종의 거대 담론, 큰 세계에 대한 사고는 귀족들이 하는 것입니다. 하찮은 노동자들은 그런 거 할 자격이 없다는 거였습니다.

남성 노동자가 그랬고, 여러분 다 아시는 대로 여성에 대해서는 그 시기도 한참 지나서 선거권이 부여됐습니다. 여성의 선거권은 독일이 1918년, 미국이 1920년, 영국이 1928년, 프랑스가 1946년으로 대개 제1차 세계대전 이후부터 보장되었습니다. 그 이전에 100여 년에 걸친 여성 참정권 운동이 있었습니다. 선거제도는 그 운동의 결과에 불과한 것입니다. 한편 우리나라를 비롯한 대부분의 아시아, 아프리카 국가들은 제2차 세계대전 후 국가의 독립과 더불어 민주주의를 시행하는 과정에서 제도가 도입되었습니다. 전통적으로 여성은 남성을 보필하는 존재로 취급되었습니다. 남성이 노동력을 재생산하여 밖에 나가서 일하도록 밥 먹여 주고 재워 주는 존재로 봤습니다. 또 아이를 낳고 키워서 똑같이 일할 수 있는 존재로 만드는, 집안의 일을 하는 게 여성이라고 간주했기 때문에 다른 건 알 필요도 없다는 거였습니다. 정서 함양, 이런 건 했습니다. 부유하고 신분이 높은 가정에서는 여성에게 그림도 가르치고 피아노도 치게 하고 뭐 시도 써서 때론 작가도 되고 했지만, 그 외에 세상이 어떻게 굴러가야 하느냐 하는 것은 여성이 논할 필요도 없고 배울 필요도 없다는 거였습니다. 여성이 그런 존재에서 벗어나 보통선거권을 가지게 된 게 남성 노동자 선거권으로부터 약 50년 이후부터입니다.

요즘은요? 요즘도 그런 제한이 있습니다. 그런 제한이 다 풀린 것 같지만 요즘은 미성년자들에게, 10대 청소년들에게 선거권이 없습니다. 이제 겨우, 18세에게 선거권이 있습니다. 우리나라의 선거 연령은 정부 수립 초기에는 21세였다가 1960년에 20세로 낮아지고, 2005년에 19세로 낮아지고, 2019년에 이르러 공직선거법이 개정되면서 2020년 1월 제21대 국회의원 선거부터 현재까지 18세 선거권이 적용되고 있습니다. 세계적으로 선거 연령은 우리나라를 비롯하여 대개 18세입니다. 드물게 그리스, 인도네시아 등이 17세, 오스트리아, 브라질, 아르헨티나, 쿠바 등이 16세입니다. 독일은 지방의회와 유럽의회 선거에서 선거 연령을 16세로 낮췄습니다. 아무튼, 우리나라는 학생의 경우 고3에게 선거권이 있습니다. 하지만 고1, 고2는 어떻습니까? 아니 중1, 2, 3은 우리보다 못할 것 같습니까? 요즘 학생들 보면, 나이 들어 제 고집만 피우는 늙은 사람들보다 세상이 어떻게 돼야 하느냐에 대한 생각이 좋아 보입니다.

그리고 정치가 전체를 위하는 거라고 하지만 민주주의의 원리가 뭡니까? 각자 자신의 이익을 위한 선택이 결합할 때, 모든 지성이 전체로 합쳐질 때 전체를 위해서도 더 적합하다는 논리 아닙니까? 그러니까 10대 청소년, 젊은 사람들은 자기의 이익과 관련해서 명확히 판단하고 선택할 수 있으면 되는 겁니다. 시험제도가 없어지는 게 좋겠다, 대학은 성적으로 갈 게 아니라 원하면 다 갈 수 있어야 하겠다, 대학의 서열도 없어지면 좋겠다, 누구나 대학은 무상으로 다녀야 하고 졸업 후에 학자금 빚 갚느라 쩔쩔매는 일은 없어야 하겠다, 이런 것들입니다. 이런 것들은 누가 제일 관련이 있습니까? 그들이 제일 관련이 있습니다. 그래서 그 사람들한테 투표할 권리가 있어야 하는데 우리는 아직 없습니다. 선거권 얘기하면, 우리 이런 때도 있었어 하며 마치 이제는 민주주의가 다 이뤄진 것처럼 말하지만, 사실 그게 아닙니다. 한참 세월이 흐르고 나면 10대 청소년에게 선거권이 없었던 지금의 시절을 "어리석었다"고 회상하는 때가 올 겁니다. 지금 우리가 지난 어느 시절에 여성과 남성 노동자들에게 선거권이 없었다고 얘기하는 것처럼 말입니다.

노동절의 유래 : 미국 시카고 노동자

지금 이 말씀을 드리는 이유는, 어쨌든 그 당시에 남성 노동자들의 교육받을 권리라는 게 얼마나 가당치 않은 요구로 들렸겠냐는 겁니다. 지배 권력들이 볼 때 "너희가 뭘 배워서 뭘 어떻게 하려고?" 이랬을 거 아닙니까? 이렇게 각성한 노동자들의 파업이 1886년에 일어났습니다. 그 각성한 노동자들의 파업에 시카고 경찰은 바로 총격으로 대응했습니다. 현장에서 "따다다다" 하고 광주처럼 쐈습니다. 그날 그 자리에서 여섯 명이 사망했습니다. 그중에는 아버지의 손을 붙잡고 나왔던 어린 소녀도 있었습니다. 노동자의 마땅한 권리를 외치는 사람들을 총으로 쏴 죽이는 것도 말이 안 되지만, 정말 말이 안 되는 것은 그저 아빠랑 같이 나왔다가 죽은 어린 소녀였습니다. 사람들이 보고 경악을 하고 이럴 수는 없다 하면서 바로 다음 날 헤이마켓 광장 앞에 30만 명이 집결했습니다. 폭력 경찰 물러가라! 했겠죠. 그렇게 평화 시위를 하고 있는데 그 가운데서 폭탄이 터집니다. "빵" 터지면서 경찰이 "이건 폭동이다" 합니다. 그래서 이 시위를 국가 체제를 전복하기 위한 폭동죄로 몰아서 주모자급 되는 사람들을 전부 체포합니다. 한두 달 만에 즉결재판을 거쳐 다음 해 네 명이 교수형을 당하고 한 명이 감옥에서 스스로 목숨을 끊습니다. 그 폭탄은 어떻게 된 거야 했더니, 뉴욕에 있는 자본가, 우리로 따지면 경총 이런 데서 보낸 프락치가 터트린 거로 밝혀집니다.[*]

그런 일이 전 세계적으로 주목을 받으면서, 1889년 7월에

---

[*] 메이데이 폭탄: 헤이마켓 광장에서 터진 폭탄은 독점 자본가들이 뉴욕에서 파견한 음모자들이 던진 것으로 밝혀지면서, 7년 후 당시 구속 또는 사형된 노동운동가들이 모두 무죄임이 증명되었다. 「노동절의 유래」, 『개미뉴스』 2021. 4. 30. 참조.

프랑스혁명 100주년을 기념하여 프랑스 파리에서 제2인터내셔널(사회주의 국제기구, 1889~1916년) 창립대회가 열렸습니다. 이 대회에서 미국 시카고 노동자들의 총파업을 기념하기 위해 매년 5월 1일을 메이데이로 선언하였고, 이에 따라 이듬해 1890년 5월 1일부터 세계적으로 메이데이, 즉 노동절을 치르게 된 겁니다. 노동절은 그런 겁니다.

우리나라도 5월 1일에 노동절을 하고 있습니다. 그런데 우리나라는 '노동절'이라고 안 하고 뭐라 하죠? '근로자의 날'이라고 합니다. 우리나라는 1958년 이래 한국노총의 전신인 대한노동조합총연맹의 창립일인 3월 10일을 노동절로 정해 기념했습니다. 그러다가 1963년에 명칭을 '근로자의 날'로 바꾸었고, 1994년부터 명칭은 그대로 두고 날짜를 5월 1일로 옮겨서 지금처럼 5월 1일 근로자의 날이 되었습니다. 이날 정부는 근로자를 위로하는 차원에서 각종 행사를 진행하고 있습니다. 노동절과 근로자의 날은 의미가 상당히 다릅니다. 근로자라는 것은, 느낌에서 딱 오지만, 근면 성실한 노동자라는 뜻입니다. 기업이나 이 체제를 관리하는 사람들의 시각에서 봤을 때 그렇다는 겁니다. 불평불만 안 하고 시키면 시키는 대로 다 열심히 하는 사람들입니다. 그런 사람에게 일 년 내내 열심히 일했으니 5월 1일 하루 정도는 쉬게 해 주고, 하루 일 안 하지만 임금도 주겠다고 만든 게 근로자의 날입니다. 우리가 아는 노동절은 어떤 날입니까? 세상을 바꾸려고 각성한 노동자들이 일어선 날입니다. 우리도 너희처럼 교육받을 권리가 있다고, 그래서 내가 이 장시간 노동을 계속해야 하는지, 아니면 다른 방법을 찾아야 하는지 생각해 봐야겠다는 날입니다. 나는 왜 이렇게 계속 일을 해도 계속 가난한지, 우리는 왜 맨날 일하다가 죽는지, 이런 것을 알아서 뭔가 잘못됐으면 잘못된 것을 바로잡아야겠다는 날입니다. 이런 요구를 위해서 싸우다가 그렇게 많이 죽었다는 사실이 노동절입니다. 매년 5월 1일이면 우리가 그 투쟁과 죽음의 역사를 기억하고 기념하기 위해 전 세계적으로 노동자들이 파업 결의대회를 벌입니다. 그런데 우리나라는 그것을 근로자의 날이라고 해서, '산업역군'이니까, 열심히 일했으니까, 근면 성실하니까 표창도 하고 쉬게 하는 그런 날로 바꿔 버린 겁니다.

여하튼 우리나라는 노동절에 파업 결의대회를 합니다. 그리고 매년 11월 13일 전후로 한 번 더 합니다. 1970년 11월 13일 전태일 청년 노동자가 분신했습니다. 전태일 열사는 1948년 대구에서 태어나 1965년에 17세의 나이로 청계천 평화시장 재봉사로 취직합니다. 당시 우리나라도 하루 14시간씩 노동하던 시절이었습니다. 청계천에서 일한 지 몇 년 후에 근로기준법을 접하여 공부했습니다. 그래서 공장이 법을 어기고 있다는 걸 알고는 1969년에 노동자 모임인 '바보회'를 만들었습니다. 바보처럼 속고 살았다는 겁니다. 여기서 노동환경을 조사하고 근로기준법을 알리고 활동하다가 해고당했습니다. 그러다 다음 해 다시 일하게 되었을 때 이번에는 '삼동회'라는 조직을 만들어서 노동청 등에 진정서도 제출했습니다. 잘 안 되었겠죠. 그래서 11월 13일에, 법이 있어도 지키지 않는 현실을 고발하려고 근로기준법 화형식을 준비했던 겁니다. 이마저 무산되자 "근로기준법을 준수하라. 우리는 기계가 아니다. 일요일은 쉬게 하라. 노동자들을 혹사하지 말라. 내 죽음을 헛되이 하지 말라" 등을 외치며 향년 22세로 자신의 몸을 불살랐습니다.

다 아시는 내용입니다. 세계 여러 나라에서 1886년 5월 1일 시카고 노동자들의 파업을 기념하는 이유나, 우리나라에서 1970년 11월 13일 청계천 평화시장, 근로기준법을 끌어안고 분신한 청년 전태일의 죽음을 기억하는 이유나 같은 겁니다. 그래서 우리는 11월 13일이 있는 주의 토요일에 전국노동자대회를 엽니다. 파업을 하는 겁니다. 이렇게 우리나라는 매년 최소 두 번씩 파업 결의대회를 합니다. 중간중간에 하는 파업 말고도 말입니다.

노동의 분화

그런데 여러분, 파업을 하는데 왜 세상이 멈추지 않는 겁니까? 마르크스 그 똑똑한 양반이, 만국의 노동자여 단결하라, 파업하라 했습니다. 그러면 전 세계를 얻을 거라고 했습니다. 노예의 사슬을 끊을 거라고 했습니다. 기계를 멈추니까 사용자들이 "아이고, 이거 큰일 났네. 아이고, 그럼 안 되지. 우리 걸 내놓을게. 다시 한번 얘기해 보자" 이렇게 된다는 건데 왜 지금은 그게 안 되냐는 겁니다. 노동자들 파업이 무서워서 1886년에는 사용자들의 하수인인 경찰이 총격을, 무차별 난사를 했던 거 아닙니까? 이대로 가다간 체제가 위험하다 싶어서 그렇게들 난리를 쳤던 것입니다. 그렇게 대응하지 않을 수 없을 정도로 무시무시했던 파업인데, 우리는 지금 파업이 합법화돼서 언제든지 할 수 있습니다. 5월 1일과 11월 13일 전후에는 해마다 노동자 결의대회를 크게 합니다. 그런데 왜 아무 일도 안 일어나죠? 정말 아무 일도 안 일어납니다.

저도 노동자 집회에 가서 봅니다. 큰 단위로 집회 하는 데 가서 보면 무대 꾸미고, 가수 부르고, 그거 하는 데 돈도 많이 들었답니다. 어쨌든 버스 대절해 와서 구호 외치고, 뭐 하고 하다가, 시간 되면 먼 데 순서로 갑니다. 빨리 가야 하니까 행사 아직 하고 있는데도 갑니다. 그걸 파업이라고 혹은 결의대회라고 하는 겁니다. 제가 이해하지 못하는 건 아닙니다. 작업 현장에서 휴가 내고 빠지는 게 어디 쉬운 일이겠습니까? 관리자들에게 눈치 보이고 동료들에게도 눈치가 보입니다. 결국 내 빈자리는 다른 동료가 채워 줘야 하니까요. 사람이 빠졌다고 물량이 줄어드는 게 아닙니다. 그리고 또 이때쯤 내려가야 내일은 정상적으로 출근할 수 있습니다. 그 사정을 몰라서 하는 얘기는 아니지만 안타까워서 드리는 말씀입니다. 왜 이렇게 됐냐는 겁니다.

눈도 끔쩍 안 합니다. 저것들은 눈도 끔쩍 안 해요. "아이고, 그거 많이 해라. 그렇게 해서 파업했다고 생각하고, 팔뚝질 몇 번 하고 기분 풀고 내려가면 우리야 좋지." 자본이나 정권의 입장에서는 좋은 겁니다. 가둬 놓은 무대에서 화풀이하고 욕 좀 하다가 가면 그래도 당분간 좀 잠잠해질 거라 보는 겁니다. 파업이란 게 왜 그런 장치가 됐냐는 겁니다. 왜 그렇게 된 것 같아요? 이 얘기도 하다 보면 길겠죠? 관련해서 글 쓰신 분도 많을 겁니다. 그런데 사실 얼마 안 됐습니다. 1886년 그 시절로부터 채 150년도 안 지났습니다.

왜 세상이 이렇게 변했을까 할 때 주로 나오는 말이, 그리고 제가 믿는 말이 '노동의 분화'입니다. 노동의 분화는 다양한 의미로 사용되었습니다. 예를 들어 제러미 리프킨*은 『노동의 종말』**에서 첨단 기술의 발전에 따라 블루칼라가 줄어들고 서비스 노동이 디지털화되는 현실을 얘기했습니다. 이런 추세는 미래에 질적으로 새롭게 변화될 노동을 예고하는 것입니다. 전통적 일자리는 심하게 줄어들거나 심지어 사라질 것으로 봅니다. 리프킨은 이러한 공백을 "자원봉사 노동에 대한 사회적 임금의 제공"과 같이 국가가 주도하는 공공부문의 역할로 채워야 한다고 주장합니다. 하지만 제가 여기서 얘기하려는 노동의 분화는 이보다는 훨씬 현실적인, 말하자면 노동 '시장'의 분화에 대해서입니다. 임금노동자와 단일 사용자 간의 고용계약 관계는 이미 깨지고 있습니다. 비정규직과 비임금노동자가 생겨나서 빠르게 확산되고 있습니다. 게다가 임금노동이 아닌 노동도 사회적 가치를 보장하여 노동으로 인정할 필요가 생겼습니다. 물론 법과 제도는 이러한 현실을 아직 따라가지 못하고, 분화된 노동 구조 속의 활동 주체인 노동자도 이에 따른 대응을 제대로

---

* 제러미 리프킨(Jeremy Rifkin, 1945~): 미국 경제학자이자 미래학자. 자연과학과 인문과학을 넘나들며 자본주의 체제 및 인간의 생활방식, 현대과학기술의 폐해 등을 날카롭게 비판해 온 행동주의 철학자로 평가받는다. 대표적인 저서로는 『엔트로피』, 『노동의 종말』, 『바이오테크 시대』, 『소유의 종말』, 『수소혁명』 등이 있다.
** 제러미 리프킨의 저서(1995). 기계 문명의 발달로 노동력이 감소하며 시장에 또 다른 물결이 생길 것으로 예측한다.

하지 못합니다.

지금 사용하는 '노동'이라는 말은 좁은 의미에서 하는 말이 아닙니다. 느끼시겠지만, 우리는 모두 넓은 의미에서 노동을 하고 있습니다. 그러한 노동이 분화되었다, 이렇게 말을 합니다. 그러면 삶이 분화되었다고 표현해도 마찬가지가 됩니다. 어떻게 분화되었냐 하면, 이렇습니다. (그림 2 참조)

정규직, 비정규직

우리나라 인구가 5천만 명입니다.* 그중에서 영유아처럼 노동력이 없는 사람들 빼고, 나이가 너무 많거나 아파서 병상에 누워 옴짝달싹할 수 없는 분들 빼고, 건강하고 젊지만 돈이 너무 많아서 소득을 위해서는 전혀 일할 필요가 없는 사람들 빼고, 그런 분들 다 빼고 한 4천만 명이 소득이 필요해서 일합니다. 그걸 여기서 무슨 일이든지 간에 노동이라고 부르는데 4천만이 일을 합니다. 노동을 합니다. 그중에서 정규직 노동자가 얼마나 있습니까? 기간제가 아닌 직접 고용을 정규직이라

---

* 2024년 6월 현재 우리나라 총 인구수는 51,271,480명(통계청)이다.

[그림 2] 노동의 분화

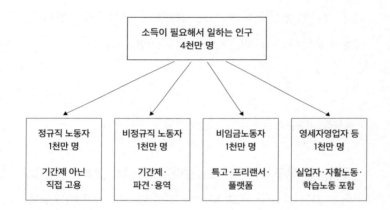

합니다. 약 1천만 명이 있습니다.

그다음에 비정규직 노동자. 비정규직이라 하면 기간제, 파견, 용역*인데, 이 용어도 설명하려면 길지만, 이분들 비정규직 노동자도 한 1천만 명 됩니다. 지금도 계속 늘어나고 있습니다. 제가 입사했을 때는 한 명도 없었습니다. 비정규직이라는 단어가 없었습니다. 비정규직은 1998년 IMF 시기에, 아쉽지만 김대중 정권 때 만들어졌습니다. 그때 파견법('파견근로자 보호 등에 관한 법률')을 통해서 파견업이 합법화됐습니다. 소위 간접고용이란 게 그때 가능해졌습니다. 이때부터 이 사회에 다단계 하청이 양산되었고요. '기업하기 좋은 나라'를 위해 노동을 유연화하겠다고 만든 겁니다. IMF 돈 갚겠다고 말입니다.

파견과 용역은 간접고용 노동자에 대한 지휘명령권을 누가 갖느냐로 구분합니다. '용역'이 용역을 보낸 회사에서 고용계약도 하고 지휘명령권도 갖는 반면, '파견'은 파견 보낸 회사에서 고용계약을 하지만 지휘명령권은 현장에서, 즉 파견 받은

---

* 기간제, 파견, 용역: '기간제'는 기간을 정하여 근로계약을 체결한 고용이다(기간제 및 단시간근로자 보호 등에 관한 법률). '파견'은 파견사업주와 노동자가 고용계약 관계에 있으나 사용사업주가 그 노동자에 대하여 지휘명령권을 가지는 고용 형태를 말한다. 제조업에서 직접 생산공정 업무에 대하여는 파견을 금지하고 있다(파견근로자보호 등에 관한 법률). '용역(도급)'은 용역회사와 노동자가 고용계약 관계에 있고 노동자에 대한 지휘명령권도 역시 용역회사가 가진다(민법 제664조).

회사가 가지는 것을 말합니다. 파견법은 제조업의 직접 생산공정 업무에 대하여는 파견을 금지하고 있습니다. 이것을 어긴 회사가 많기 때문에 "이건 파견법 위반이다" 해서 요즘 불법 파견 소송이 많이 붙습니다. 기간제는 노무현 정권 때 만들어졌습니다. 2006년이죠. 노동계에서 '기간제 양산법'에 불과하다고 반대가 심했는데 밀어붙였습니다. 2년 동안 한 자리에서 일하고 있으면 정규직 만들어 준다고 그 법을 만들었는데(기간제법, '기간제 및 단시간근로자 보호 등에 관한 법률') 실제로 사장들은 2년이 되기 전에 다 잘라 버렸습니다. 그래서 계약 기간 2년이 지나 정규직으로 전환된 사람은 단 5%도 안 됩니다. 이렇게 비정규직이 1천만 있습니다.

비임금노동자

그다음은요? 특고, 프리랜서, 플랫폼 같은 비임금노동자가 또 1천만 명입니다. '비임금노동자'는 '임금'을 받지 않는 노동자란 뜻입니다. 사용자와 노동자가 근로계약서를 체결하고 그에 따라 노동을 제공한 대가로 받는 돈을 임금이라고 합니다. 비임금노동자는 그런 형태로 돈을 벌지 않는다는 뜻입니다.

'특고'라는 말 아시죠? 특수고용노동자들. 화물 노동자, 재능교육 같은 방문 교사, 학습지 선생님들, 또 보험 설계하시는 분들, 이런 분들입니다. 자기 사업자등록을 가지고 일을 해서 자기가 해낸 성과만큼 돈을 법니다. 하지만 맨날 일하러 나가기 전에 사무실에 들러서 본부장이나 팀장이 하는 잔소리 다 듣고, 업무 지시 다 받고, 다른 직원들처럼 다 합니다. 사무실 벽에 성과 그래프도 그려 놓잖아요. "지난달에 저 사람은 보험왕인데 너는 꼴찌야" 이러고, 월급도 연계돼 있어서 "너 때문에 우리 팀 모두 이번 달 월급이 깎였어" 이렇게 닦달을 당하면서 일하는 겁니다. 학습지도 마찬가지고요. 그렇게 자기 사업자를 가지고 일을 하지만 사무실에서 업무 지시를 다 받습니다. 성격상 완전히 그 회사 직원인데도 자기 사업자를 가지고 있다는 이유로 우리나라에서는 완전한 노동자가 아닙니다. 그래서 화물 노조가 파업하면 무조건 불법이라 그러는 겁니다. "노동자도 아닌데 파업을 해? 저건 불법이야." 대통령이 그렇게 쉽게 말을 내뱉는 겁니다. 자기 사업자 가지고 일하는 사람들이라고 말입니다.

계약의 외형은 도급 위임계약이거나 이와 유사한 계약이지만, 계약의 존속과 실질적 전개 과정에서 보이는 종속성은 일반 노동자와 하나 다를 게 없습니다. 즉, 이들은 자신이 직접 노동을 제공하며 경제적으로도 사업주에게 의존돼 있습니다. 최근 법원은 노동조합을 설립할 수 있는 특수고용직의 범위를 확대하는 판결을 내놓고 있습니다. 노조법에서 노동자로 인정되는 직업은 골프장캐디, 학습지 교사, 자동차 대리점 판매원, 택배기사 등입니다. 반면에 보험설계사와 레미콘 기사 등은 아직 노조법상 노동자로 인정받지 못합니다. 노동자로 인정하는 경우라도 노조법상 노동자로 인정한다는 거지 근로기준법상 노동자로 인정한다는 게 아닙니다. 그러니까 업종에 따라 노동조합을 만들 수는 있는데 최저임금 적용은 못 받습니다. 그리고 업종에 따라서 일부는 산재보험과 고용보험이 적용되기도 합니다. 일부 프리랜서와 플랫폼도 넓게 봐서 특고라 할 수 있습니다. 복잡하죠?

프리랜서는 저기 계시잖아요? 지금 이거 촬영하시는 분이 프리랜서입니다. 프리랜서 하시는 분들은 저렇게 촬영하고, 영상 편집하고, 방송작가로 글도 써서 내고, 이렇게 도급으로 일을 합니다. "얼마에 일할게. 나는 싸게 줘도 돼" 이렇게 해서 도급을 받아서 일을 합니다. 자기 사업자가 있기도 하고 없기도 하지만, 없는 경우라도 근로계약서를 체결하지는 않아야 프리랜서입니다. 대개 전문 기술을 익히기 위해 많이 배웠으나 도급으로 일해서 제일 가난한 분들, 그런 분들이 프리랜서입니다. 특정 기업, 단체, 조직 등에 전담하지 않고 자신의 기술과 능력을 이용해 독립적으로 일합니다. '프리랜서(freelancer)'라는 말은 아직 계약하지 않은(free) 창기병(lancer), 즉 창 던지는 사람을 말했습니다. 당시에는 군인을 가리키는 말이었던 거죠. 중세시대에 왕이나 귀족이 자기들끼리 전쟁을 할 때 프리랜서와 계약해서 전쟁을 치르는 일이 있었나 봅니다. 그러고 보면 지금도 프리랜서는 전쟁터 한가운데로 불려 다니고 있는 것 같습니다.

플랫폼 아시죠? 플랫폼 노동자도 계속 늘어나고 있습니다. '배달의민족' 같은 플랫폼이 있고 거기서 콜을 받아서 일하시는 분들입니다. 오토바이도 자기가 사야 하고, 보험도 자기가 다 들어야 하고, 콜비 또한 다 내야 하고, 사실 아무것도 보장이 안 됩니다. 노동자가 아니라는 겁니다. 정보통신 분야에서 '플랫폼(platform)'이란 '정보시스템 환경을 구축·개방하여 누구나 방대한 정보를 활용할 수 있도록 제공하는 기반'이라는 의미랍니다. 국제노동기구(ILO)는 플랫폼 노동을 '온라인 플랫폼을 이용하여 불특정 조직이나 개인의 문제를 해결해 주고 서비스를 제공함으로써 보수 혹은 소득을 얻는 일자리'로 정의하고 있습니다. 알고리즘에 의하여 운영되는 플랫폼을 매개로 노동이 제공되기 때문에 사용자를 특정하기 어렵습니다. 계약은 플랫폼 기업과 형식상의 위탁계약 방식으로 이루어지고 있습니다. 노동의 대가는 임금이 아닌, 건당 혹은 시간당 수수료 형태로 지급됩니다. 이런 이유로 플랫폼 노동자는 대부분 자영업자로 분류되고요. 우리나라에서는 이런 모든 비임금노동자가 또 1천만입니다.

영세자영업자 등

나머지 1천만은요? 저는 '영세자영업자 등'이 또 1천만 명이라고 말을 합니다. 영세자영업자는 사장인데 자기가 자기를 고용한 것에 불과합니다. 자기 사업장을 가지고 있습니다. 그런데 자기가 자기를 고용했습니다. 형편이 좋으면 자기는 사장 노릇만 하고 직원을 쓰면 되겠지만 그럴 형편이 안 됩니다. 전에 순천대 앞에 있는 어느 김밥집을 가 봤습니다. 예전에 장사가 좀 되던 때에 만들었을 주방이 저 안쪽으로 있었습니다. 예전에는 주방에서 일하는 분이 계셨겠죠? 라면, 쫄면, 떡만두국 같은 걸 주문하면 거기서 만들었을 겁니다. 주인은 출입구 쪽으로 앉아서 주로 계산이나 하고 그랬을 텐데, 그것도 장사가 안되니까 계산하는 출입구 쪽에서 붕어빵을 만들어서 함께 팔았습니다. 겨울이었습니다. 붕어빵은 밖에서 보여야 사 먹잖아요. 그래서 밖에다 붕어빵 가판대를 차리고, 저기 안쪽에 주방을 둬서는 안 되니까 있던 주방을 아예 폐쇄했습니다. 왜냐하면 이제는 주방에서 일하는 사람이 따로 없고 인건비 부담 때문에 혼자서 다 해야 했거든요. 그래서 궁여지책으로 붕어빵 가판대 바로 옆에다 조그마한 주방 공간을 다시 만들었습니다. 거기에 서서 하루 종일 라면 끓이고, 떡볶이 만들고, 지나가는 사람이 "붕어빵 몇 개 주세요" 하면 붕어빵을 구워서 파는 겁니다. 그 자리에서 계산도 하고요. 이분은 거기 서서 꼼짝을 못합니다.

이렇듯 영세자영업자는 회사 등의 법인을 설립하지 않고 스스로 하는 사업자를 말합니다. 고용주가 아닌 자신을 위해 일하는 상태입니다. 국세청에서는 전년도 매출기준 3억 원 이하의 개인사업자를 영세사업자라 합니다. 소상공인하고 비슷한데, '소상공인 보호 및 지원에 관한 법률'에서 소상공인이란 가내 수공업, 유통업, 음식점업, 세탁업 등과 같은 업종을 영위하는 영세자영업자를 말합니다. 제조업, 건설업 등은 상시 근로자 수가 10인 이하여야 하고, 도·소매업, 기타 서비스업은 5인 이하여야 합니다. 경영계는 매년, 최저임금을 올리면 이 사람들이 문을 닫는다고 난리들을 칩니다. 하지만 저는 여기서 이 사람들도 소득이 필요해서 일하는 노동자라고 얘기하고 있습니다. 최저임금 얘기를 하자면 영세자영업자도 최저임금을 받아야 합니다. 정확히는 최저임금과 비슷한 성격의 사회적 보장이 필요하다는 얘기입니다. 우리나라에 영세자영업자가 얼마나 많은지는 사실 잘 모릅니다. 제가 여기서 국세청 기준이나 다른 법률 기준을 따르지 않고, 소득이 필요해서 일하는 사람들을 폭넓게 말하고 있기 때문입니다. 그래서 저는, 이어서 말씀드리려고 하는 '돈 안 받고 일하는 노동'까지를 포함해서 1천만이라고 했습니다.

영세자영업자 말고 또 있습니다. 앞서 말한 네 가지, 즉 정규직, 비정규직, 비임금노동자, 영세자영업자가 아니어도 소득이 필요해서 뭔가를 하는 분들이 있습니다. 저처럼 퇴직한 사람들, 마땅한 일자리도 없고 몸도 안 좋아서 쉬고 있는 산업예비군들이 있습니다. 또 '자활 노동'이라는 표현이 있는데, 돈을 벌기 위해 남이 시키는 일을 수행하는 '타율 노동'이 아니라 자기를 살리기 위해서 일하는 노동을 그렇게 말합니다. 가사노동, 육아노동이 그렇습니다. 또 소농, 조그맣게 농사지어서 자급해서 먹고사는 노동도 있습니다. 이것도 자활 노동입니다. 저는 학생들 공부하는 것도 '학습 노동'이라는 말을 씁니다. 자기가 하고 싶지도 않은 과목을 입시경쟁에 치여서, 혹은 부모나

학교가 시켜서 할 수 없이 해야만 하는 겁니다. 종일 앉아서 말이죠. 그 공부는 누가 요구한 거냐 하면 사실은 이 사회가 요구한 겁니다. 사회 중에서도 구체적으로 자본이, 기업이 요구하는 지식과 기술을 익히기 위해서 학생들이 무차별적으로 공부라는 노동에 시달려야 합니다. 그것도 노동입니다. 학습 노동입니다. 돈 안 받고 하는 일들의 노동을 모두 이 네 번째 범주에 포함해서 제가 '영세자영업자 등'이라고 했습니다. 그래서 '영세자영업자 등'이 또 1천만, 이렇게 돼 있습니다.

파업하기 힘든 나라

보세요. 정규직 노동자 1천만. 정규직 노동자가 파업하기가 쉽겠습니까? 눈치채셨겠지만 지금 저는, 파업이 안 되니까 연대와 환대가 필요하단 얘기를 하려는 겁니다. 지금 한 오십 줄된 대기업 정규직 노동자 중에는 연봉이 일억 원 넘는 사람도 있습니다. 홍준표 대구시장이 이거 가지고 '귀족노조' 운운하는 겁니다. 자녀가 대학에 입학하면 두 명까지 학자금 전액을 대주는 기업도 있습니다. 학자금 걱정할 필요가 없습니다. 그리고 어떤 회사는 몇 년에 한 번씩 직원들 해외여행을 보내 주기도 합니다. 경비를 다 대 줍니다. 그리고 비정규직이 많이 있어서 해고될 염려도 적습니다. 회사는 활황일 때가 있고 불황일 때가 있잖아요? 사업이 잘되고 정신없을 때 인력이 많이 필요하면 비정규직을 많이 뽑습니다. 기간제로 쓰고, 파견으로 쓰고, 하청으로 쓰고, 막 뽑아 씁니다. 하지만 좀 어려울 때가 와서 할 일은 줄어드는데 월급이 계속 나가는 게 아까우면 이 사람들을 먼저 자릅니다. 정규직들은 잘 안 건드립니다. 상대적으로 안전합니다. 이 정규직들이 사장하고 더 가깝겠습니까, 같은 노동자인 비정규직하고 더 가깝겠습니까? 사장하고 더 가깝습니다. 대개 기업주 편입니다. 기업주하고 거의 이해관계가 같거든요. 그래서 맨날 어디는 무분규 10년이다, 어디는 15년이다, 이런 거 자랑하는 겁니다.

비정규직은 어떨까요? 아까 말씀드렸지만 다양한 형태의 비정규직이 있고 계약 조건이 다 다릅니다. 한 공장 내에서 "아, 이 회사에 입사했나 보다" 했더니 사장이 달라요. 나는 K 무슨 회사인데 옆의 동료는 J 무슨 회사랍니다. 너는? 그리고 봤더니 이 사람은 또 다른 회사 소속입니다. 그리고 조별 주야 3교대로 막 돌려서 잘 만나지도 못합니다. 한 공장에서 일하는데도 그렇습니다. 그리고 정규직하고 똑같은 일을 하는데 월급은 정규직의 절반밖에 못 받습니다. 작업복에 무슨 표식이 있어서 딱 보면 비정규직인 줄 다 압니다. 그렇게 차별을 받으면서 일합니다. 그런데 이 사람들이 파업을 쉽게 할 수 있겠습니까? 만나야 파업을 하죠. 나는 맨날 원청 회사의 업무 지시를 받고 원청 회사에 불만이 있습니다. 그래서 같은 공장의 노동자들 다 모아서 싸우고 싶은데 그게 잘 안 되는 겁니다. 다 쪼개져 있어서 그렇습니다. 법은 또 뭐라 하냐면, 내가 '바지사장'이라고 부르는 그 사람, 내가 소속됐다는 그 하청 사장을 만나서 얘기하라 합니다. 나는 그 사람 얼굴도 못 봤는데요. 그러니 어떻게 파업을 하겠습니까? 어지간한 강단과 끈기 가지고서는 파업하기 힘듭니다. 파업을 해도, 맨날 만나는 몇십 명이 똘똘 뭉쳐서 힘들게 진행할 수밖에 없습니다.

그러면, 비임금노동자는 파업을 어떻게 하겠습니까? 자기 사업자 가지고 자기가 일하는데, 제 일 안 하면 저만 손해죠. 어떻게 하겠어요? 그리고 툭하면 불법이라 하는데요. 같이 모이기도 힘듭니다.

영세자영업자는요? 제가 볼 때 이분들이 제일 힘듭니다. 앞서 말한 사람들은 그래도 직장이나 있었고 지시받아 할 일이나 있었습니다. 하지만 이분들은 망하면 문만 닫는 게 아닙니다. 권리금까지, 가게 하려고 설치해 놨던 거 전부 다 날립니다. 한순간에 신세 망치는 겁니다. 제일 어렵습니다. 그러니까 죽자

사자 일만 해야 합니다. 가진 거 다 내놓고 죽을 때까지 일만 하는 거죠. 이런 사업자가 무슨 파업을 하겠습니까. 파업이란 말도 이상하죠? 자기 가게를 가진 사람이 파업을 하다니요? 장사 안 하겠다는 건데, 누구 좋으라고요? 텔레비전에서 파업하는 노동자들 보면 안쓰럽기도 하고 지지하는 마음이 들다가도 가만히 돌아보면 자기 처지가 제일 한심한 겁니다.

만국의 노동자여, 연대하라

그러니까 이 사람들끼리 연결이 안 됩니다. 각자가 각자의 이유로 파업이 힘들 뿐 아니라, 서로 연결이 안 돼요. 이런 상태로는 설령 파업을 해 봐야 세상을 멈출 수가 없습니다. 방금 제가 '노동의 분화' 말씀드렸습니다. 그렇다면 1848년 마르크스가 "만국의 노동자여, 단결하라" 했는데, 그게 맞지 않는 소리라는 거냐? 그게 아닙니다. 그 당시에는 그랬으나 지금은 상황이 많이 달라졌으니 좀 다르게 얘기하거나 혹은 좀 다르게 해석해야 하겠다 싶은 겁니다. 만일 그분이 지금 이 시대에 살면서 뭔가 연구하고 이야기를 한다면 아마 '단결'이란 말보다는 '연대'라는 말을 쓰지 않았을까 싶습니다. 이렇게 "만국의 노동자여, 연대하라" 하고 말입니다.

민주노총 조합원이 120만 명이라고 합니다. 한국노총과 기타 노조를 합쳐서 180만 명이 있습니다. 다 합치면 300만 명인데, 제가 앞에서 말한 정규직, 비정규직, 비임금노동자를 합한 3천만 명의 10%에 해당합니다. 이렇게 우리나라 노조 조직률이 대략 10%인 걸 알 수 있습니다. 하지만 저는 여기서 영세 자영업자 등이 하는 일도 노동으로 보고 있으니까, 그러면 대략 4천만 명 중에서 300만 명이 '조직'이 돼 있습니다. 그중에서 투쟁하는 조직은 얼마나 될까요? 민주노총이 120만입니다. 4천만 중의 120만은 3%에 해당합니다. 민주노총이 전부 단결해서 투쟁해도 전체 노동인구의 3%밖에 안 되는 규모라는 걸 알 수 있습니다. 그런데 보통 민주노총이 큰 집회를 하면 5만 명 정도 나옵니다. 120만 중에서 5만이 집회에 나오면 민주노총의 4% 정도가 나온 겁니다. 그럼 도대체 전체 노동인구의 몇 프로가 나와서 외친 겁니까? 0.1% 정도가 나온 겁니다. 이거 가지고는 안 되겠죠. 조직의 논리가, 언뜻 보면 조직이 크고 뭔가 해낼 수 있는 든든한 기반인 것처럼 보여도, 속으로 들여다보면 사실 그렇지가 않습니다. 조직에 너무 의존하면 안 됩니다. 우리에게 필요한 건 4천만입니다. 4천만이 주고받고 서로 관계하는 고리가, 그게 비록 느슨할지라도 세상을 바꾸지,

그중에서 3% 혹은 0.1%가 똘똘 뭉쳐서 외친다고 그 소리로 세상을 바꾸지 못합니다.

'단결'이라는 용어에서 느껴지는 것은, 단일한 계급, 동일하거나 비슷한 이해관계에 있는 사람들끼리 이탈자 없게 잘 간수하면서 똘똘 뭉쳐서, '해골이 두 쪽 나도' 약속을 지키면서 나가자는 겁니다. 그게 단결이라면, '연대'라고 할 때는 이렇게 복잡하게 분화된 노동 구조 속에서 각자 입장과 처지가 다르지만, 그래서 언뜻 서로 관계가 없어 보이지만, 저기가 좋아져야 전체가 좋아져서 결국 여기도 좋아질 거라는 사실을 알게 되는 것, 그래서 다른 사람들 하는 일에 나도 같이 힘을 보태게 되는 것, 이게 연대가 될 것입니다. 지금은 연대가 필요하다는 말씀, 사회 구조가 이렇게 되었기 때문에 더욱 그러하다는 말씀을 드리고 싶습니다.

그리고 연대가 가능하기 위해서는 한 축에서는 '환대'가 필요하다는 말씀도 같이 드립니다. 연대는 싸우는 노동자나 싸우는 주민들한테 우리가 가서 무언가 하는 거라고 우선 개념 정리를 한다면, 환대는 그 싸우는 분들이 연대 오는 분들을 어떻게 대하느냐에 관한 것이라고 일단 아까 말씀드렸습니다. 왜 환대 쪽 말씀을 많이 드리느냐 하면, 여러분들도 다 각자 어떤 단체나 조직에 혹은 어떤 모임에 속해 있습니다. 거기서 중요한 일을 하고 계십니다. 당원도 계시고요. 지금 우리나라의 운동이랄까 활동의 상황을 보면, 공통적인 현상으로, 시민단체나 정당이 고립화되고 거기에서 사람들이 떨어져 나가고 있습니다. 다 소수화되고 있습니다. 그런 입장에서 한번 보자는 겁니다. 그런 입장에서는 여러분이 누군가를 환대해야 할 상황이거든요. 환대를 해야 연대가 될 테니, 뭘 어떻게 해야 연대가 될까? 이런 얘기거든요. 우리는 연대도 하고 환대도 해야 합니다.

그리고 앞의 얘기에서 느끼셨겠지만, 연대와 환대는 이런 계급적 시각과 궤를 같이합니다. 세상을 멈추게 하는 것, 세상을 변혁하는 것, 완전히 그 틀을 근간으로부터 바꿀 수 있는 유일한 방법이 그 당시에 만국의 노동자가 단결하는 것이었다면, 지금은 우리가 모두 연대하는 것이라고 저는 주장하고 싶습니다. 그런 배경, 그런 이유가 있습니다. 연대라는 것이 단지 착한 마음으로, 저 사람 안됐으니까 가서 뭔가 해 주는 차원이 아니라는 겁니다. 착하게 사는 방법을 말씀드리고 싶은 게 아닙니다.

②

연대와 환대

이제는 조금 더 정확한 얘기를 하고 넘어가야 할 것 같습니다. 사실 단결과 연대, 그리고 환대라는 용어는 실생활에서 쓰이는 것처럼 그렇게 단순하지 않은 것 같습니다. 서로 의미가 같거나 중복되고 때로는 관계에서 위치가 도치됩니다. 천천히 말씀드려 보겠습니다. (그림 3 참조)

단결, 연대, 환대

단결과 연대는 사실 의미가 비슷합니다. 하지만 단결이 하나로 뭉쳐진 결과나 상태에 주목한다면, 연대는 그렇게 되는 과정이나 관계에 주목한다고 말할 수 있습니다. 그리고 단결은 똘똘 뭉쳐진 상태이자 결과를 말하지, 규모의 크고 작음을 말하지 않습니다. 단결된 규모는 클 수도 있고 작을 수도 있습니다. 전통사회에서는 별다른 노력 없이 쉽사리 큰 규모의 단결이 가능했습니다. 전통이나 관습이 그렇게 만들었습니다. 경제적으로도 구성원들의 이해 기반이 거의 같았기 때문입니다. 하지만 사회의 분화, 노동의 분화가 진행되고 나서는 서로 이해관계가 달라져서 큰 단결은 무너지고 작은 단결이 남았습니다. 이제 작은 단결도 더 쪼개져서 점차 개인이 분자화되고 있습니다.

단결이 그러한 의미로 사용되고 이러한 현실에 처해 있다면, 일반적으로 연대는 이해관계가 서로 다른 기층 민중 간의 타협을 유도하거나 이들의 단결을 통해 힘을 얻기 위한 관계를 의미합니다. 에밀 뒤르켐*은 『사회분업론』**에서 '기계적 연대'와 '유기적 연대'를 얘기했습니다. 사회가 발달하는 과정에서 사회 구조의 복잡성이 증가하고 노동 분화의 수준이 높은 사회가 되면 기계적 연대로는 예전과 같은 규모의 큰 단결을 가져올 수 없습니다. 분화된 구조 속에서도 예전의 방식을 고집하면 이제는 오직 작은 단결만 가능할 뿐입니다. 큰 단결이 가능

---

* 에밀 뒤르켐(Émile Durkheim, 1858~1917): 프랑스의 사회학자이자 교육자로, 보르도대학을 거쳐 파리대학에서 사회학과 교육학을 강의하였다. 『사회분업론』, 『자살론』, 『사회학적 방법의 규준』 등의 저서를 남겼다.
** 에밀 뒤르켐의 저서(1893). 낮은 노동 분업 상태에서의 전통적인 문화는 '기계적 연대'로 특징 지을 수 있는데, 노동 분화의 수준이 높은 사회가 오면 기존의 이러한 관계는 깨지고 '유기적 연대'가 필요하다고 말한다.

하기 위해서는, 뒤르켐의 언어로는 유기적 연대가 필요합니다. 그것이 여기서 제가 말하는 연대입니다. 제 언어로 표현하면, 연대는 '내미는 손과 맞잡은 손의 결합'입니다. '내미는 손'은 곤궁한 혹은 필요한 상황의 발생입니다. 밀양 주민들 머리 위에 송전탑이 세워지는 것입니다. 노동자들이 속절없이 해고되는 것입니다. 이주민, 성소수자, 장애인의 어려운 처지가 눈앞에 있는 것입니다. '맞잡은 손'은 이에 대하여 연대자가 함께하는 것, 연대를 제공하는 행위입니다.

그러면 환대는 무엇입니까? 자크 데리다*는 『환대에 대하여』**에서 '조건부 환대'가 아닌 '절대적 환대'를 제안했습니다. 데리다는 질 들뢰즈, 미셸 푸코와 더불어 가장 저명한 포스트모더니즘 학자 중 한 명입니다. 당시 지배적인 철학이었던 구조주의를 비판하고 그 구조의 해체를 주장했습니다. 데리다의 해체주의는 우리가 전형적으로 파악하고 있던 사회와 문화의 구조를 해체함으로써, 사회문화적 구조에 얽매이지 않는 새로

---

* 자크 데리다(Jacques Derrida, 1930~2004): 알제리 태생의 프랑스 철학자. 대표적인 저서로 『기하학의 기원』, 『그라마톨로지』, 『마르크스의 유령들』, 『에코그라피』, 『환대에 대하여』 등이 있다.
** 자크 데리다의 저서(1997). 데리다는 환대의 원리가 철학에 윤리를 접합하는 데에 있어서 가장 현실적이고 알맞은 긴급성을 농축하고 있다고 생각했다. '조건부 환대'와 '절대적 환대'를 말하며 절대적 환대를 권장했다.

[그림 3] 단결, 연대, 환대의 개념

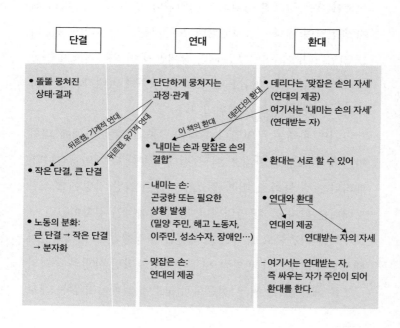

단결

- 똘똘 뭉쳐진
  상태·결과

- 작은 단결, 큰 단결

- 노동의 분화:
  큰 단결 → 작은 단결
  → 분자화

연대

- 단단하게 뭉쳐지는
  과정·관계

뒤르켐, 기계적 연대
뒤르켐, 유기적 연대
이 책의 환대
데리다의 환대

- "내미는 손과 맞잡은 손의
  결합"

  - 내미는 손:
    곤궁한 또는 필요한
    상황 발생
    (밀양 주민, 해고 노동자,
    이주민, 성소수자, 장애인…)

  - 맞잡은 손:
    연대의 제공

환대

- 데리다는 '맞잡은 손의 자세'
  (연대의 제공)
  여기서는 '내미는 손의 자세'
  (연대받는 자)

- 환대는 서로 할 수 있어

- 연대와 환대
  연대의 제공
  연대받는 자의 자세

  - 여기서는 연대받는 자,
    즉 싸우는 자가 주인이 되어
    환대를 한다.

운 사고방식의 길을 열어 주었다고 평가받습니다. 이와 더불어 악명 높은 난삽한 글쓰기로 인해, 일부 학자들로부터 그런 표현이 보여 주는 것은 단지 사기에 불과하다는 격렬한 비판을 받기도 합니다. 아무튼 그에 따르면, 전통적인 의미에서 환대는 환대하는 자가 자신의 공간을 지키면서 거기로 들어오는 타인을 적대적으로 대우하지 않겠다는 정도의 '조건부 환대'였다는 겁니다. 타인을 여전히 이방인으로, 잠시 머물다 갈 손님으로 본다는 겁니다. 이에 대해 데리다는, 이제는 환대하는 자가 외부에 대하여 완전히 자신을 열어야 한다는 뜻으로 '절대적 환대'를 말합니다. 주인과 손님이 구분된 실체이기보다는 손님이 들어와서 주인과 뒤섞여서 새로운 주인이 탄생되어야 하는 겁니다. 이것은 흔히 이주자, 난민, 성소수자, 비정규직 노동자 등 사회적 약자에 대해 얘기되고 있습니다.

그러니까 데리다의 환대는, 내미는 손과 맞잡은 손의 결합이라는 측면에서 볼 때 맞잡은 손의 자세를 얘기하고 있는 것입니다. 내미는 손이 이주자, 난민 등 곤궁한 처지에 빠진 사람들이고, 맞잡은 손이 마음을 열고 그들을 받아들여야 하는, 그보다 나은 처지에 있는 시민들입니다. 이때는 이주자, 난민 등이 손님이고 더 나은 처지에 있는 시민들이 주인입니다. 주인은 손님에게 우선 앉을 자리를 제공해야 합니다. 이 행위는 연대적 관계에서는 곧 연대자의 행위입니다. 시민이 이주자 등에게 연대하는데 완전히 자신을 열어서 적극적으로 하라는 뜻이 됩니다. 이것은 연대자의 역할을 강조하는 것과 다를 바 없습니다. 즉, 데리다의 환대는 사회적 약자를 향한 시민의 마음입니다. 연대의 측면에서 봤을 때 연대를 제공하는 자의 마음이 됩니다.

하지만 저는 싸우는 자가 반드시 사회적 약자가 아닐뿐더러 오히려 역사 발전의 강력한 하나의 축이라고 보기 때문에 이들에게도 환대가 필요하다고 생각합니다. 싸우는 자도 주인입니다. 그래서 연대를 받는 자도 당연히 연대하는 자를 환대해야 합니다. 그래야 결합이 되고, 그래야 연대가 확장되어 큰 단결이 가능해질 것입니다. 환대는 내미는 손과 맞잡은 손이 서로 해야 합니다. 앉을 자리는 서로 줘야 합니다. 시민이 싸우는 자에게 환대의 자세로 연대하는 것(데리다)과는 별도로, 싸우는 자도 연대자를 환대의 자세로 맞이해야 합니다. 그리고 특히 연대와 환대를 이어서 생각할 때에는, 연대가 주로 연대를 제공하는 자의 것이기 때문에 환대는 주로 연대를 받는 자의 것이 됩니다. 환대는 연대 받는 자가, 싸우는 자가 가져야 할 자세라는 방향에서 다루어집니다. 즉 여기서는 연대 받는 자, 현실에 맞서 싸우는 자가 주인이 되어 연대자를 환대합니다. 이때 연대적 관계에서 환대의 위치가 도치됩니다.

이제는 이어서, 연대에 대해서는 연대의 특징 혹은 연대적 관계의 특징 세 가지를, 환대에 대해서는 환대의 자세 세 가지를 얘기하려 합니다.

연대의 첫 번째 특징 : 연대는 '확장'되어야 한다

그러면 연대가 대체 뭡니까? 정해진 건 없습니다. 저도 어디 책에서 본 게 아니고 왔다 갔다 하면서 고민한 것입니다. 그러니 그저 제 의견으로 들어주시면 되겠습니다. 연대는 영어로 솔리데어리티(Solidarity)라고 합니다. 솔리드(Solid) 한다는 겁니다. 솔리드 한다는 것은 단단하게 되는 것입니다. 액체가 고체가 되는 것을 솔리드 한다고 합니다. 근데 이걸 또 영어로 설명하면 밴드 투게더(Band together)라고 합니다. 일회용 밴드처럼 묶습니다. 함께 똘똘 묶어서 단단하게 만드는 것을 연대라고 합니다.

그럼 단단하게 뭘 묶느냐고 하면 저는 이런 생각을 했습니다. 막대기 하나를 꺾어 보라고 하면 '톡' 꺾어지잖아요. 3개를 묶었습니다. 그리고 꺾어 보라고 하면 좀 더 꺾기가 힘이 듭니다. 30개 정도를 묶어 놓고 꺾어 보라고 하면 사람의 힘으로는 꺾기가 어렵습니다. 300개를 묶어 놓고 꺾어 보라고 하면 사실 전기톱 같은 도구를 쓰지 않고서는 안 될 겁니다. 연대라는 개념에 대해 저는 늘 이 그림을 생각하고 있습니다. (그림 4 참조)

그러면 이렇게 되기 위해서는 뭐가 필요할까요? 제 생각에 우선 연대는 이렇게 1개에서 3개로, 3개에서 30개로, 30개에서 300개로 '확장'되는 것입니다. 연대가 이렇게 3개로 끝나거나 30개로 끝나면 그건 그저 작은 단결입니다. 동일한 이해관계를 가진 사람들끼리 똘똘 뭉치는 것에 불과합니다.

의료대란 일으키는 의사들끼리 똘똘 뭉치지만 더 이상 확장되기는 어렵습니다. 시민들이 그것을 사회를 이롭게 하는 행동으로 생각하지 않기 때문입니다. 지난 2024년 2월에 정부가 2천 명 규모의 의대 정원 확대 방침을 발표하자 의사와 의대생들이 이에 반대하는 집단행동에 나섰습니다. 민주노총, 한국노총 등 양대 노총과 참여연대 등의 시민단체는 즉시 "의사들의 집단행동은 정당성이 없다"고 비판했습니다. 경실련은 진료 거부에 동참하는 전공의들에게 고발을 검토하겠다고까지 했습니다. 여론조사 결과도 시민들은 대체로 정부의 의대 정원 확대 방침에 동의하는 것으로 나타났습니다. 반면에 전공의들의

[그림 4] 확장의 개념

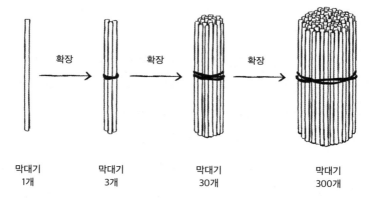

막대기   막대기   막대기   막대기
1개   3개   30개   300개

집단행동과 전공의 및 의대 교수들의 집단 사직에는 공감하지 않았습니다. 최근 전국 의과대 본과 4학년의 83%가 의사 국가 시험 거부 의사를 표명했습니다. 이처럼 집단행동에의 참여도가 매우 높았고, 이로 인해서 시민의 불편이 갈수록 심각해졌지만, 이 행동의 명분이 사회의 다른 이해관계 쪽에서 이해되고 받아들여지지는 않았습니다. 이렇듯 자기들끼리의 단결을 연대라고 볼 수 없습니다.

연대의 첫 번째 특징. 연대는 확장되어야 합니다. 이게 필수적인 조건입니다. 확장되려면 자기들 그룹의 벽을 넘어야 합니다. 이게 안 되면, 아까 그 배경으로 말씀드렸던, 연대를 통해서 세상을 멈추게 하고 다시 세상을 급진적으로 변혁할 방법이 없습니다. 노동의 구조가 분화돼 있는데 연대가 확장되지 않는다면, 그래서 영세자영업자 등이 정규직, 비정규직 노동자들 일터에서 벌어지는 일에 무엇이든 함께할 가능성이 없다면 끝입니다. 반대도 마찬가지죠. 노동자들이 영세자영업자나 가사노동, 육아노동, 자급농 하시는 분들의 삶에 무관하고 뭔가를 같이 할 수 있는 게 없다면 그거로 끝인 겁니다. 확장되지 않는다면 끝입니다. 우리는 계속 고립되고 그대로 말라 죽어야 합니다. 그러니 연대는 확장되어야 합니다.

연대의 두 번째 특징 : 연대는 주·객체의 구분이 없다

두 번째로 제가 생각하는 연대적 관계의 특징은 '주·객체 없음'입니다. 흔히 생각하기를, 싸우는 사람이 주체가 되고 싸워 주시니까 우리가 연대 가는 거라고 말합니다. 끝나고 돌아오면 연대 끝났다고 말하고요. 하지만 연대에는 주체와 객체가 없다고 제가 말씀드립니다. 이것은 도덕적인 의미에서 하는 말이 아닙니다. 좀 더 진정성 있는 자세로 치열하게 연대해야 한다는, 뭐 그런 말씀을 드리는 것도 아닙니다. 정말로 연대에는 주·객체가 없습니다. 30개 묶은 그림, 이게 연대거든요. 이게 딱 부러지면 자기도 부러지는 겁니다. 제가 이 묶음 안에 들어 있습니다. 이게 부러지면 저도 그냥 부러집니다. 주·객체가 없습니다.

저로 말하자면, 저는 지금 돈 버는 일을 못 하고 있습니다. 사무직을 하려면 귀가 안 들려서 일을 못 하고(청각장애), 풀 뽑고 예초기 작업 같은 것을 하려 해도 허리가 아파서 일을 못 합니다(디스크). 하지만 그렇다고 사람이라는 존재가 어느 사회에서나 영 쓸모없는 건 아닐 테니, 제가 할 수 있는 일도 어딘가에 있을 겁니다. 사회 공동체에서 그걸 저한테 제시할 수 있을 겁니다. 패션 모델을 하라고 하든지요(웃음). 어딘가 할 수 있는 일이 있습니다. 있는데 안 줘서 저는 그냥 실업자라는 이름의 노동자입니다.

그런데 제가 구미에 있는 어떤 사업장 노동자들에게 연대를 갔습니다. 이 회사는 구미에 있는 일본 다국적기업으로 지난 2015년 6월 30일, 노조에 가입한 하청노동자 178명에게 해고를 통보했습니다. 이에 노조는 형식상 하청업체와 근로계약을 맺었지만, 실질적으로 자신들은 원청 소속이라며 원청 회사를 상대로 근로자 지위 확인 소송을 제기했습니다. 또한 파견이 금지된 제조업 생산 공정에 사내 하도급을 이용한 건 불법 파견이라며 파견법 위반 소송도 제기했습니다. 그들이 해고되고, 불법 파견으로 싸워온 지 이제 9년 만에 이겨서 공장으로 들어가기 일보 직전입니다. 그동안 못 받았던 임금도 제법 큰돈으로 한꺼번에 다 받고 정규직으로 들어갈 수 있습니다.* 그런데 제가 거기에 연대를 다녔다면 제가 그동안 한 그 일은 뭐냐는

---

* 이 책 원고를 쓰는 중인 2024년 7월 11일에 대법원 승소 판결이 났다. 그 결과로 9년간의 긴 싸움 끝에 남은 노동자 22명 전원이 원청 회사에 직접 고용돼 노동 현장으로 돌아갈 수 있게 되었다. 또 파견법 위반으로 기소된 원청업체 법인, 하청업체 대표와 법인에 대해서는 무죄를 선고했던 원심을 파기하고 다시 심리하라고 사건을 대구지방법원으로 돌려보냈다. 대법원이 사실상 불법 파견을 인정한 것이다. 여기에 임금 지급 청구 소송에서는 원금 기준으로 64억 원가량(2020년 기준)을 지급하라는 노동자 승소 1심 판결 이후 2심이 진행되고 있는데, 이 소송 역시 앞선 대법원 판결에 영향을 받을 것으로 보인다.

겁니다. 그 사람들 도와준 겁니까? 간혹 연대라는 것을 불우이웃 돕기 하는 것처럼, 아니면 봉사활동 하는 것처럼, 그저 착한 일 하는 거로 생각하는 경우가 있습니다. 상대방도 "아이고, 이렇게 도와줘서 고맙습니다" 할 때도 있습니다. 하지만 그건 그냥 인정상 하는 인사일 뿐입니다. 정말로 그렇게 하는 게 도와준 겁니까? 아닙니다. 사실은 자신의 이익을 위해서 자신의 일을 한 겁니다. 왜냐하면, 제가 그렇게 해서 그들의 노동의 권리가 이 사회에 뿌리를 내리게 되면 저 같은 사람에게도 마땅한 일자리가 주어질 테니까 그렇습니다.

뭐, 저야 이제 나이도 들었고 그동안 충분히 일했으니 저한테까지 좋은 일자리가 안 돌아와도 좋습니다. 하지만 저에겐 아들 둘이 있습니다. 그들도 지금 여기저기서 일하고 있습니다. 고용은 역시 불안합니다. 제가 그들을 위해서라도 노동자들에게 열심히 연대했습니다. 그래서 승리했습니다. 그래서 노동의 권리가 이 사회에서 기반을 다지게 된다면, 함부로 파견 보내지 못하고, 함부로 해고하지 못하게 된다면, 그렇다면 우리 아들들의 미래도 나아질 게 분명합니다. 그럼 아들들 형편이 좀 나아져서 나중에 저한테 용돈도 좀 줄 수 있고요. 그 반대가 되면은요? 아들이 여차하면 해고되고 여차하면 다른 직장을 알아봐야 할 처지가 되면, 그러면 용돈은 고사하고 고

작 얼마 안 되는 제 연금조차 아들하고 나눠 써야 할지도 모릅니다. 아니, 별수 없이 그런 처지가 되는 겁니다. 제가 지금 어디 다니다 해고당해서 싸우고 있는 건 아니지만, 싸우는 사람들이 보이면 거기 가서 같이 싸우는 겁니다. 그래서 그들의 권리가 강화되도록 해야 저한테 좋은 겁니다. 아들들한테 용돈도 받고요(웃음). 정말로 주·객체가 없는 겁니다.

연대의 세 번째 특징 : 연대에는 '공간'이 있어야 한다

세 번째 연대적 관계의 특징은, 확장되려면, 여기 30개, 300개 묶은 거, 이게 튼튼한 고무줄이거든요, 여기에 들어갈 '공간'이 있어야 합니다. 어떻게 느끼실지 모르겠는데, 저는 여기에 들어갈 공간이 없는 경우를 많이 봤습니다. 꽁꽁 묶여 있는데, 내가 가서 들어가려 해도 못 들어갑니다.

어떤 공공시설 노동자들이 지자체를 상대로 큰 싸움을 벌이면서 노조가 시민들에게 연대를 요청했습니다. 지역에서 공동대책위원회가 꾸려지고, 모여서 회의도 하고 기자회견도 했습니다. 큰 행사가 있을 때면 SNS에 웹자보도 올리고 각 지역단체에 협조 요청도 해서 시민들이 많이 참가하고 같이 싸웠습니다. 그런데 나중에 보니까 그 사람들이 집회나 회의 석상에서 공식적으로 하는 말과 실제로 진행되는 내용이 너무 다릅니다. 공대위만 꾸려졌지 실제 의사결정은 다른 데서 일어났습니다. 그래서 이제부터 우리가 더 열심히 싸우게 되나 했더니 어느 순간 흐지부지 싸움이 종결됩니다. 가타부타 별말이 없습니다. 당사자들한테 물어봐도 합의가 되었다는데 누구도 정확한 얘기를 해 주지 못합니다. 이런 경우 많습니다. 우리는 연대한다고 하는데, 그들은 그 안에서 자기들끼리 결정하고 편한 대로 우리를 동원해서 사용만 했을 뿐입니다. 우리는 고무줄 안에 들어가야 하는데 들어가지 못했습니다. 배신감도 느끼지만, 저도 조직의 생리를 아는지라 그럴 만한 사정이 있었겠지 하고 이해해 주기도 합니다.

하지만 중요한 문제는, 우리가 못 들어가면 확장되지 않는다는 겁니다. 이 막대기 그림이 3천 개로, 3만 개로 계속 커지지 않으면 의미가 없습니다. 커지지 않을 때 연대는, 그 안에 있는 개인에게 그저 자기가 살아가는 하나의 방식이 됩니다. 그러한 삶의 방식에 자기가 뿌듯할 뿐입니다. 활동하고 있고 연대하고 있으니까요. "난 그래도 의미 있게 살았어. 젊어서 데모도 했고 늙어서 연대도 다니고. 그만하면 보람 있지 뭐." 그럴 뿐입니다. 연대하는 이유는 사회를 바꾸기 위해서입니다. 그러려면 확장이 돼야 합니다. 그러려면 우리가 들어갈 수 있어야 합니다. 자, 이게 얼마나 탄력이 있느냐 하는 거예요. 들어가려 하면 얼마나 잘 늘어나고, 들어가면 또 얼마나 잘 붙어서 단단하게 묶이느냐 하는 겁니다. 조직이 이런 탄력성, 신축성을 가지고 있느냐 하는 건데, 어렵습니다. 하지만 이렇게 돼야 합니다. 연대에 관해서 제가 이런 생각을 하고 있습니다.

환대의 첫 번째 자세 : 역할 주기

이제 환대에 대해서 말씀드리겠습니다. 들어가게 해 주는 게 환대라고 말할 수 있습니다. 연대의 특징에서 공간이 있어야 한다는 것을 기존에 이미 결합된 사람들의 자세와 관련지어 말할 때 환대가 필요하다고 하는 겁니다. 여기에서의 환대는 단순히 친절한 행동이나 서비스 정신을 의미하지 않습니다. 융숭한 대접이 아닙니다. 만면에 가득한 미소가 아닙니다. 실제로 들어가서 더 큰 하나가 되게 하는 무엇입니다.

환대는 영어로 호스피탤리티(Hospitality)라고 합니다. 호스트(Host) 또는 호스티스(Hostess)에서 나온 말입니다. 주인이죠. 주인이 손님을 맞이할 때 가지는 태도, 관계성, 마음 자세, 이런 게 환대입니다. 주인이 손님을 맞을 때 가장 먼저 뭐를 합니까? 앉으세요, 앉으라고 하죠. 갔는데 멀뚱하게 서 있다가 오는 경우도 저는 있었습니다. 앉았다, 서 있다 하는 표현은 약간 상징적인 표현입니다. 연대하러 갔는데 공간을 열고 들어가서 묶이지 못하고 앉을 자리가 없으면 영 불편합니다. 꿔다 놓은 보릿자루처럼 있는 둥 마는 둥 하다가 그냥 와야 합니다. 손님을 그렇게 있다 가게 하지 말고 앉을 자리를 내주는 게 호스피탤리티(Hospitality), 환대입니다.

손님한테 앉을 자리를 내주는 것은, 다르게 말하면 역할을 주는 겁니다. 그래서 첫 번째 환대의 자세는 연대 받는 자가 연대자에게 '역할'을 주는 것입니다. 여기서는 제가 밀양 얘기랑 좀 섞어 가면서 하겠습니다. 어디 가서 제가 밀양 얘기를 자주 하는데, 밀양은 연대자가 가면 역할을 줍니다. 저는 화악산에서 영산홍을 심었던 게 기억이 납니다. 그 기억을 떠올리면 대단한 역할이 아니었는데도 뭔가 했다는 자부심이 느껴집니다. 화악산은 평밭마을 129번에 걸쳐 있는 산입니다. 2012년 1월에 이치우 어르신 돌아가시고 그해 3월에 '1차 탈핵희망버스'로 가서 영산홍을 심었는데, 놀랍게도 전국에서 많은 연대자가 왔습니다. 이때가 밀양 투쟁의 변곡점이 된 것 같습니다. 그리고 산 위 움막에 올라갈 때 생수 몇 병씩 들고 올라갔던 것도 기억이 생생합니다. 나름 위에서 마실 물을 공급했던 거니까요. 그리고 밀양 천변에 분향소를 막 차렸을 때 겨울에 땔감 했던 것도 기억이 납니다. 화목 난로에 넣을 나무들 장작을 패고 톱질을 했습니다. 그리고 또 누가 밀양역에 도착했다고 하면 차가 있으니까 가서 모시고 왔던 일도 소소하지만 중요한 역할이었습니다. 제일 기억에 남는 역할은 할매들 집에서 밥 먹었던 역할입니다. 세상에, 나는 맛있어서 먹는데 그렇게 좋아하실 수가 없는 겁니다. 잘 먹어 줘서 너무 좋대요. 그때 팍 느꼈습니다. 밥만 잘 먹어도 이분들한테 이렇게 힘이 된다면 내가 이런 연대 얼마든지 하겠다고 말입니다. 왔다가 행사 끝나고 바로 가는 사람들도 많았거든요. 근데 끝나고 할매들 집에 가서 밥을 먹는 겁니다. 밥을 먹으면, "연대하시는 분들 때문에 정말 내가 싸울 힘이 난다" 할매들이 이렇게 말씀을 하십니다. 그 할매들 힘 나게 하는 역할을 제가 밥 먹으면서 한 겁니다. 여성분들은 정말 밀양에서 할 일이 많았고 또 많이 하셨습니다. 그 많은 연대자들 밥하는 데서부터 모든 걸 주민들과 같이 일하고요. 밀양이 연대자들에게 그런 역할을 줍니다.

다른 데도 그렇지 않을까요? 아니요. 노동자들 집회 하는 데 가면요, 예를 들어 아까 말씀드린 노동절 집회에 갔습니다. 멀리 서울까지 가려면 허리도 아프고, 왔다 갔다 하는 데 비용도 많이 들고 그렇습니다. 그래도 연대하겠다고 갔다 왔는데, 허전한 겁니다. 남은 게 아무것도 없습니다. 그다음 날 뉴스에도 없어요. 나는 한 게 아무것도 없는 겁니다. 5만 명 모였대요. 내가 갔으니 5만 1명이 모였다고 하면 그래도 그 1명이 나인가 하겠는데 5만 명이 모였답니다. 그럼 나는 어디 갔는지 모르겠고, 나는 흔적도 없이 사라졌습니다. 뭐 발언은 전부 '웃대가리'가 하고요. 무슨 정당 대표니, 무슨 상급단체 위원장이니 하는 사람들이 한 열 명 나와서 얘기를 하는데 열 명이 다 똑같습니다. 단어만 다르지 내용이 다 똑같아요. 그런 거 듣고 와서는 내가 다시는 가나 봐라, 하고 머리를 쥐어뜯습니다. 물론 다음에 하면 또 가게 됩니다. 하지만 아무런 역할이 없습니다. 이 경우 연대자들이 갔는데 그분들이 환대를 한 겁니까, 안 한 겁니까? 안 한 겁니다. 그분들이 환대를 통해서 연대를 확장하고 세상을 바꾸려면 참가한 사람들에게 역할을 줘야 합니다. 어떤 역할이 있을까요? 각자 한번 생각해 보시기 바랍니다.

집회에서의 역할 주기

집회에서 앉아 있는 장소는 한적한 곳보다는 의미 있는 장소나 사람이 붐비는 곳이 더 낫겠습니다. 참가자들에게 역할을 준다는 의미에서 말씀드리고 있습니다. 아무도 없는 곳에 덩그러니 앉아서 기자들이 촬영만 하고 돌아가면 그야말로 참가자들은 언론 보도를 위한 그림에 불과하게 됩니다. 그보다는 항의의 대상인 관공서 앞이나 기업주의 건물 앞에서, 혹은 지나다니는 인파가 많은 곳에서 집회의 목적을 알리는 역할을 해야 하겠습니다.

큰 집회에서는 많은 인원을 수용하기 위해 광장에서 모이는 경우가 있는데, 이때에는 앉아 있는 시간을 가급적 줄이고 거리 행진을 더 많이 하는 편이 좋겠습니다. 행진 방법도 그저 얌전하게 다녀오는 것보다는 좀 더 다채롭고 활기찬 방식으로 기획할 수 있습니다. 모두가 구호를 외치고 걷는 대신 어떤 그룹은 악기를 연주하고, 어떤 그룹은 춤을 추고, 어떤 그룹은 가장행렬을 하며 걸어도 좋습니다. 이런 집회를 위해서 기획자는 미리 신청자들을 모집하고 행사를 준비할 수 있습니다.

서울 명동에 있는 어느 호텔은 코로나 시기 경영 악화를 이유로 2021년 12월 10일에 조합원 12명을 해고했습니다. 모든 어려움을 노동자에게 전가한 악덕 기업입니다. 이 호텔의 이사장은 호텔과 같은 이름을 가진 서울 소재 어느 대학의 이사장이기도 합니다. 호텔에서 해고된 노동자들은 매주 목요일마다 투쟁문화제를 엽니다. 어떤 날은 문화제 순서의 하나로 참가자들이 모두 찌그러진 양은냄비와 뚜껑, 숟가락 등을 손에 듭니다. 그걸 서로 부딪치고 두드리면서 명동 거리를 행진하는데, 그 소리에 자신도 신이 나고 구경하는 사람도 많으니 발걸음이 덩실덩실 춤을 춥니다. 그러면 외국인을 비롯해 수많은 사람이 스마트폰으로 그것을 촬영하며 해고 노동자들의 투쟁을 지지하고 공유합니다. 집회 참가자들의 역할이 주목을 받는 경우입니다.

또 이런 방식은 어떻습니까? '대가리들' 발언을 줄이고 보조진행자가 다수 참가자에게 다가가서 간단한 질문을 던지고 대답을 듣는 방식입니다. 이를테면 "어디서 오셨어요? 왜 오셨어요?" 그러면 "대구에서 왔어요. 집에서 보자니 마음이 무거워서 견딜 수가 없었어요" 이렇게 대답을 합니다. 작은 집회에서는 다른 참가자들이 직접 이런 대화를 들을 수 있습니다. 규모가 큰 집회에서는 어차피 무대 스크린을 따로 준비하니까 이러한 장면을 전면의 무대 스크린으로 다 보고 들을 수 있습니다. 물론 화면에 얼굴이 나오는 건 사전에 양해를 받아야 하겠지요. 이렇게 될 때 자기와 같은 이유로 누군가가 이 자리에 나왔다는 것, 평범한 사람들의 걸음이 저항하는 힘을 만들고 있다는 것, 그것을 다른 참가자가 확인하는 것, 이것 이상 감동이 어디 있겠습니까? 말하는 사람도 듣는 사람도, 모인 사람 모두가 자신의 역할에 자부심을 느끼게 될 것입니다.

이보다 소극적인 방식으로는 '호명하기'가 있습니다. 이미 작은 단위에서는 많이들 하고 있습니다. 참가자들의 이름을 일일이 호명하는 것입니다. 이름은 반드시 실명일 필요가 없고 지역별 단체별로 소그룹을 묶은 이름이어도 상관없습니다. 하지만 가능한 한 세밀하게 참가자들의 주체가 드러날 수 있도록 호명해야 환대의 의미에 접근할 수 있습니다. 어떤 방식으로든 참가한 모든 사람의 이름을 이 집회의 주인공으로 불러 세우는 행위가 필요합니다. 시간이 다소 걸리더라도 말입니다. 영화의 엔딩 크레딧에서 모든 출연자와 연출, 음향, 감독과 조감독과 기타 도움을 주신 모든 분의 이름이 쭉 올라가는 것처럼, 집회에서도 참가자들을 호명하는 겁니다. 주인공으로 세운다고 했는데 이것은 참가자들을 대우해 주는 차원, 기분 좋게 해 주는 차원에서 필요한 게 아닙니다. 자신의 이름이 이 집회의 일원이 되어서 집회의 목적을 달성하게 한다는 자긍심이, 계속해서 이 사회의 변혁을 위한 책임감을 가지게 합니다. 참가자들 각자를 변혁 운동의 주체로 세워지게 하는 최소한의 방식이 호명된 이름으로 역할을 주는 것입니다. 사실 인간 사회에서 역할이 없는 관계는 오래 지속되기 어렵습니다. 그리고 이것 말고도 또 있지 않을까요? 집회에서의 역할 주기. 생각해 보면 왜 없겠습니까?

환대의 두 번째 자세 : 이해시키기

두 번째로, 연대와 환대라는 개념에서 환대의 자세는 연대자가 '이해'할 수 있도록 해 주는 겁니다. 설득력이라고 할까요? 연대자들의 언어로, 대중의 언어로, 참가자들이 충분히 이해할 수 있도록 설명을 해 줘야 합니다.

제가 구미에 있는 다른 사업장을 예로 들어 보겠습니다. 누가 그 사업장에 연대를 간다고 가정하겠습니다. 노동자에 대한 연대 경험이 별로 많지 않은 분입니다. 먼저 출발하기 전에 기사를 쭉 뽑아 봤습니다. "본사가 일본에 있는 이 회사는 평택과 구미에 해외 현지법인을 세웠습니다. 거기서 LCD 편광필름 등을 생산해 각각 삼성과 LG에 납품해 왔습니다. 그러다 구미공장에 화재가 발생하자 공장 문을 닫고 노동자들을 해고했습니다. 구미공장의 생산 물량은 평택공장으로 이전했습니다. 이후 구미공장에서 해고된 노동자 11명이 평택으로의 고용승계를 요구하며 구미와 평택에서 투쟁을 계속하고 있습니다. 그리고 일본으로의 원정 투쟁도 지속하고 있습니다. 2024년 1월 8일부터 여성조합원 2명이 구미공장 출하장 건물 옥상에 올라 고공농성도 하고 있습니다." 이런 기사 내용이었습니다. 불이 났다는 사실을 알았습니다. 그래서 회사를 청산하려고 노동자를 해고했다는 사실도 알았습니다. 이에 맞서 노동자들이 투쟁하고 있습니다. 고용승계가 요구 조건입니다. 그런데 여기까지 읽어도 왜 이렇게 하는지 이분은 잘 이해가 가지 않습니다. 회사가 불이 났으면 회사를 그만할 수도 있을 것 같습니다. 그러면 불가피하게 노동자를 해고할 수도 있을 것 같습니다. 밀린 임금이나 퇴직금 같은 것은 다 줘야 하겠지만, 그렇게 했다면 문제가 없을 것 같습니다. 고용승계를 하고 안 하고는 회사의 경영상의 권리인 것 같습니다. 어때요, 그렇지 않습니까? 이게 보통 시민의 상식입니다. 우리의 상식은 알게 모르게 어느 정도는 자본주의사회가 권장하는 이러한 내용으로 구축되어 있습니다.

그런 마음을 지닌 채 멀리 가서 공장에 들어섰다고 가정하면, 어떻겠어요? 노동자들 대개 무뚝뚝하잖아요. 처음 갔는데 잘 쳐다보지도 않겠죠. 자기들끼리만 얘기하겠죠. 멀뚱멀뚱 있는데 "경과 보고를 하겠습니다" 그러더니 뭐라고 "다다다다" 말하고 마칠 겁니다. 며칠날 불났고, 며칠날 청산했고, 며칠날 일방적으로 해고했다고 말할 겁니다. 그러면 속으로 드는 생각이 "일방적으로 해고한 게 아니라 해고 통보도 하고 줄 건 다 준 거 같은데?" 싶을 겁니다. 뭔가 이해가 안 가고, 노동자들이 괜한 억지를 부리는 것 같기도 합니다. 뭘 물어보고 싶어도 물어볼 수 있는 분위기가 아닌 것 같습니다. 다른 사람들은 다 고개를 끄덕끄덕하고 심각한 표정으로 동의하고 있습니다. 그런데 거기서 마음속에 있는 여러 가지 의문들을 어떻게 털어놓고 얘기하겠습니까? 절대 얘기 못 합니다. 손을 들고 "여기가 산업단지니까 다른 공장에 들어가도 일할 수 있을 텐데, 왜 굳이 여기서 계속 싸우고 계신 거죠?" 이렇게 묻지 못합니다.

그런데 그런 궁금증을 해소해 주는 설명이 없다면 어떻게 되겠습니까? 노동자들은 이미 여러 번, 여러 자리에서 다 얘기했다고 생각해서 이 자리에서는 생략할 수도 있습니다. 하지만 여기 처음 온 이 연대자는, 저 사람들이 뭔가 자기들한테 유리한 얘기만 하는 것 같다는 의심이 들 겁니다. 그래서 곧이곧대로 듣기보다는 삐딱하게 들을 겁니다. 괜히 말 꺼냈다가 의식 없다는 소리나 들을까 봐 잠자코 있다가 그냥 돌아올 겁니다. 어울리지 못하고 이해되지 않은 채 말이죠. 이 경우에 이 사람이 다시 가겠습니까? 가기 어렵습니다. 지금 이 사업장을 예로 들고 있을 뿐입니다. 모두 다 이럴 수 있으니까요.

그간의 사정들

사실은요, 노동자들이 그러는 건 억울해서라고 합니다. "내가 10년 넘게 거기서 열심히 일했는데 회사가 어렵다고 당장 나부터 자를 생각을 하냐?" 하는 겁니다. 회사가 불이 나면 폐업할 수도 있죠. 하지만 여기는 좀 경우가 다릅니다. 이 회사는 본사를 일본에 둔 '외투기업'입니다. 구미공장은 2003년에 설립해서 2022년 매출액이 4천억 원에 달하는 중견기업입니다. 구미시로부터 50년 토지 무상임대와 법인세, 취득세 등 세제감면 혜택을 받았습니다. 그동안 이익을 많이 내서 지난 20년간 3,600억 원, 한 해 평균 180억 원을 일본 본사로 배당했습니다. '외국인투자촉진법'에 따라 그 큰 공장에 임대료 하나 안 나가고, 세금도 안 내고, 버는 족족 다 일본 기업으로 넘어갔습니다. 그런데 지난 2022년 10월에 화재가 발생하자 한 달 만에 청산을 결정하고, 당시 노동자 150명을 희망퇴직과 해고통지 형식으로 전원 해고했습니다. 평택공장은 이보다 앞선 1999년에 설립됐습니다. 최근 매출 1조 원에 직원이 1천 명이나 됩니다. 구미공장보다 더 큰 법인입니다. 그런데 일본 본사는 해고 회피 노력은 물론 고용승계조차 하지 않습니다. 실제로 평택공장은 일손이 부족해서 지금도 신규채용을 계속하고 있습니다. 그런데도 11명밖에 남지 않은 구미 노동자들을 평택으로 고용승계를 하지 않고 있습니다. 왜 그럴까요? 제 생각에는 '근로자'가 아니라서 그럴 겁니다. 사용자가 볼 때 이 사람들은 근면 성실한 노동자가 아니거든요. 해고에 불응하고 투쟁하는 노동자들입니다. 1886년 메이데이에 입각한 노동자들입니다. 그러니까 자기 회사 어디에든 들여놓으면 거기서 또 자기들 힘들게 할 거라 보고 아예 내치는 겁니다. 그래서 노동자들은 그게 억울해서, 회사 어렵다는 핑계로 노동자 해고할 생각부터 하고, 또 충분히 고용승계할 수 있는데도 노조한다고 투쟁한다고 고용승계조차 외면하는, 그게 괘씸해서 이렇게 싸운다고 그럽니다.

이 사람들은 그런 심정으로 싸우지만, 그래서 어떻게 됩니까? 이런 것이 세상에 알려지게 되고, 그러면 기업이 자기들 형편이 조금 어렵다고 노동자를 함부로 해고할 수 없는 세상이 됩니다. 사실은 화재와 별개 문제로 구미공장을 축소하고 싶었겠죠. 생산량을 줄이고 싶었을 겁니다. 기업은 그렇게 판단할 수 있잖습니까? 여기 생산라인은 줄이고 저기 생산라인은 키우고, 기업하는 사람들은 그런 경영상의 고민을 합니다. 하지만 그렇게 판단할 수 있다고 해서 노동자를 함부로 해고할 수 있느냐 하면, 못 하는 겁니다. 원래 못 하는데 우리나라는 할 수 있도록 길이 열려 있습니다. 근로기준법 24조에 따라 '긴박한 경영상의 필요'가 있다고 인정되면 언제든지 노동자를 해고할 수 있는 나라가 우리나라입니다.

다른 나라는 그렇지 않습니다. 독일은 노동자평의회라는 게 있습니다. 이사회처럼 노동자들도 평의회라는 게 있어서, 같이 모여서 결론을 도출하지 못하면 함부로 해고하지 못합니다. 그게 당연한 겁니다. 왜요? 노동자도 주인이니까. 주인이 주인을 어떻게 해고합니까? 돈 낸 사람만 주인이 아니잖아요? 노동자들이 직접 이윤을 만들었습니다. 그 이윤 갖고 자기들이 이때까지 부를 축적했고, 돈 빌려 쓴 은행에 이자 다 냈고, 주주들한테 주식 배당하고 다 했습니다. 노동자도 주인입니다. 왜 회사가 어렵다고 노동자만 해고돼야 합니까?

이런 합당한 질문들 위에 세워진 법이라야 우리가 지킬 만한 가치가 있습니다. 합법이 곧 사회적 정의나 진실을 의미하진 않습니다. 잘못된 법은 싸워서 고쳐야 합니다. 사실 구미 노동자들이 말 잘 듣는 '근로자'였으면, 그래서 나가라고 해도 "네, 고맙습니다. 위로금도 많이 주시고, 고맙네요" 했으면, 어쩌면 평택공장에 입사하기가 더 쉬웠을지 모릅니다. 노동자들이 그걸 몰라서가 아니라 이거는 도저히 억울해서 안 되겠다 하고 싸우는 겁니다. 그리고 이 사람들이 싸우는 덕분에 노동의 권리가 올라가는 겁니다. 해고를 함부로 하는 게 아니라는 걸 사용자들이 알게 되는 겁니다.

그런데 처음 연대 가면 어디서 이런 얘기를 들을 기회가 없습니다. 사실 좀 어려운 얘기이기도 합니다. 여러분들 금방 끄덕끄덕하잖아요? 환대라는 것은 무엇보다 참가하는 자가 그간의 사정을 제대로 이해할 수 있도록 해 주는 겁니다. 단순히 사실의 차원에서가 아니라 실천적 지식으로 접근할 수 있도록 해 줘야 합니다. 실제로 이 사업장 조합원들은 연대자에게 아주 잘하는 편입니다. 제가 이 사업장 상황을 알리고 싶어서 일부러 예로 들었습니다. 어디든 이런 일이 있을 수 있으니까요.

밀양은 어떻게 했길래요? 밀양은 이해하기 너무나 쉽습니다. "하이고 마, 땅값 떨어지고. 내 부산에 살다가 몸이 병이 나서 물 좋고 공기 좋은 밀양에서 살라고 왔는데 저게 들어선 거라. 저것만 보면 너무 보기 싫은 거야. 내 심장이 터질라 하고. 꼴 보기 싫어 죽겠어요, 마. 가만히 있으면 윙윙거리는 소리가 나. 전기 흐르는 소리가 나. 아유, 그게 또 전자파가 일급 발암물질이래." 이런 얘기를 직접 들으니까 너무나 쉽죠. 또 어떤 어르신은 이럽니다. "내 이 집 짓느라고 2억을 들였는데 이번에 농협 갔더니 대출이 안 된대. 송전탑 들어선 곳이라고. 땅값이 마 똥값이 된 거야. 그래 해 놓고서는 보상금이라고 일이백만 원 주는 거야. 그거 참 더러워서 안 받고 말지." 이런 말씀을 막 하는 겁니다. 바로 이해가 돼요. 저 같아도 싸워요. 그러니까 접근할 수 있는 겁니다. 이게 생활 기반 운동이니까 쉬운 면도 있지만, 사실 누가 어떻게 말하느냐에 따라 많이 달라집니다. 만일 어떤 전문가가 와서 어렵게 설명했다고 생각해 보세요. 에너지 발전 계획이 어떤데 어쩌고저쩌고, 재생 에너지가 어쩌고저쩌고 해 봐요. 아, 진짜 모르겠거든요. 피부에 와 닿지도 않고요. 사실은 싸우는 할매들이 생활의 그 언어로, 우리가 이해할 수 있는 언어로 말했기 때문에 접근이 되는 겁니다. 그것을 말하는 겁니다. 싸우는 사람들은 참가하는 사람들 눈높이에 맞춰서 그들을 이해시켜야 할, 타인을 설득해야 할 의무가 있습니다. 환대라고 하는 개념에서 보면 그렇습니다.

환대의 세 번째 자세 : 진심으로 대하기

연대와 환대의 개념에서 환대의 자세 세 번째는 연대를 '진심'으로 대한다는 겁니다. 듣기에 따라서는 그게 뭐 그렇게 대단하냐고 말할 수 있습니다. 이런 말을 하면 저희도 논쟁이 붙습니다. "야, 노동자들 자기 싸움 하기도 바빠. 정신없어. 맨날 경찰하고 싸우고, 사용자, 용역들하고 싸우는데. 그래 연대 좀 왔다고 그 사람들한테 진심으로 대하고 어쩌고 할 경황이 어디 있나?" 맞죠. 그 말이 맞습니다. 그리고 '프로 연대러'들은 그런 거 바라지 않고 다 합니다. 어떤 경우라도 가서 연대합니다. 상황이 힘들고 대가가 없을수록 연대하는 보람도 느낍니다. 하지만 연대라는 게 뛰어난 사람들이 특별한 사명감을 가져야 할 수 있는 거면 안 되잖아요? 연대는 확장돼야 합니다. 확장되어야 세상을 바꿀 수 있습니다. 연대는 자기 수양이 아닙니다. 모두가 할 수 있어야 하고. 그러니까 내가 연대하는 게 중요한 것이 아니라, 새로운 사람들이 계속 연대할 수 있도록 하는 관계가 중요한 지점입니다. 잘 꼬셔라, 이런 거 아닙니다. 친절해라, 이런 뜻도 아닙니다. 사실은 연대자 개인에게 어떻게 하라는게 아닙니다. 이제는 정말로 연대만이 투쟁의 살길이고, 사회를 변화시킬 수 있는 유일한 경로구나 하는 것을 깨닫고, 그런 마음으로 연대를 대하라는 겁니다. 그런 진심에서 우러나온 태도가 자연히 연대자들에게도 전달이 되는 겁니다. 겉으로 고마운 척하는 것하고 다릅니다. 표정에서 다 드러납니다.

할매들이 연대자를 얼마나 존경하는지 아시죠? 그저 입에 발린 소리가 아닙니다. "아, 이런 사람들 없다. 나는 내 일이니까 싸우지, 이 사람들은 자기 일도 아니면서 계속 와서 이런다. 나야 송전탑 때문에 속상하고 땅값 떨어지는 것만 알았지, 이 사람들은… 이 사람들 덕분에 핵발전소 안 된다는 것도 알았다. 내 이 사람들한테 듣고 알았다. 그리고 이런 일 겪어 보니까 노동자들이 왜 싸우는지도 이해가 되더라. 나한테도 그놈들이 그렇게 밀치면서 송전탑 세웠는데, 노동자들한테 우째 했겠노. 진즉에 노동자들이 싸워서 이긴 세상이었으면 아마 지금 송전탑도 이리 못 세웠을 거다. 세상 무서운 줄 알면 그놈들이 이렇게 함부로 했겠노." 세상이 다 연결돼 있다는 것을 연대자들 보고 알았다는 겁니다. 연대 다니는 사람들을 보고. 그래서 연대자들을 너무나 귀하게 생각합니다. 귀한 사람이니까 제가 밥만 먹어도 너무 이쁜 겁니다.

자꾸 노동이랑 비교한다고 제가 노동을 욕하는 게 아닙니다. 저 노동당입니다. 여전히 노동이 운동에서 가장 중심에 있다고 생각하기 때문에 그러는 겁니다. 물론 다른 조직도 마찬가지입니다. 정당도 그렇고요. 그러나 모두가 아직 상당 부분 1848년 "만국의 노동자여, 단결하라" 개념에 머물러 있습니다. 노동은, 그러니까 세상은 이렇게 1천만(정규직), 1천만(비정규직), 1천만(비임금노동자), 1천만(영세자영업자 등)으로 나뉘어 있는데, 자기들끼리 똘똘 뭉쳐서 싸우면 뭔가 된다고 생각하는 것 같습니다. 아뇨, 그렇지 않습니다. 혹시나 '조직 보위'는 될지 모릅니다. 하긴 세상이 어려우니까 조직이라도 지켜야죠. 나름 말은 되지만, 조직을 왜 만들었느냐 하면 세상을 위해서 만들었는데, 이제는 세상이 어렵다고 조직만 붙들고 있으면 어쩌자는 겁니까? 상근자 월급이나 받아 가겠죠. 그거 뭐에 쓰겠습니까? 이제 단일한 계급의 단일한 투쟁은 끝났으니, 그것을 좀 풀어서 흘려 보내고, 서로가 역할을 주고, 이해를 시키고, 사람들이 더 들어와서 공간을 차지하게 해 주고, 확장될 수 있도록 해야 한다는 생각을 진심으로 했으면 좋겠습니다. 밀양 가서 보니까 할매들이 몸으로 체득해서 하는 이런 '연대에 대한 진심'이 바로 환대인 거고, 환대가 연대를 불러오고, 그렇게 해서 좀 더 나은 세상이 될 수 있다면, 그런 부분들을 다른 운동이나 활동에도 적용해야 한다고 저는 생각합니다.

그리고 이 말씀 좀 드릴게요. 연대를 '조직'한다는 말을 아직 쓰는데, 이런 표현에서도 활동가 중심의 사고방식을 엿볼 수 있습니다. 이제는 생각하는 방식의 축을 좀 더 연대자 중심으로 바꿨으면 합니다. 연대를 결정하는 것은 연대자와 환대자의 관계이지, 활동가의 의지나 계획이 아닙니다. 말을 바로 하자면 조직할 수 있는 연대는 연대가 아닙니다. 연대는 늘 활동가의 예측을 벗어나고, 통제하지 못할 공간에서 불현듯 출현합니다.

그것은 하나의 행사를 위해 준비되는 것이 아니라 일상의 관계에서 진심의 끈으로 묶이는 것이기 때문입니다. 연대를 진심으로 대할 경우에만 연대가 마르지 않고 확장이 가능할 것입니다.

자기 점검을 위한 질문들

연대와 환대를 마무리하면서 꼭 하고 싶은 말이 있습니다. 단결은 아무리 강조해도 지나치지 않습니다. 하지만 단결만 얘기하면 당위론의 한계에 빠지기 쉽습니다. 마땅히 그렇게 되어야 한다는 주장이 자칫 스스로를 너무 쉽게 책임에서 벗어나게 합니다. 단결이 나를 제외한 다른 사람에게 책임을 미룰 수 있는 구호나 요구가 되어서는 안 될 것입니다. 그래서 그보다는, 나는 단결을 위해서 어떤 연대와 환대를 하고 있는지를 살펴야 한다고 생각합니다.

80~90년대 민주화 운동의 주역들이 이제 그만큼 했으면 됐다 하고 모른 체하고 있지는 않은지요? 독재 타도를 외치고, 이 땅에 절차적 민주주의를 실현하기 위해 모든 것을 던졌던 분들입니다. 그분들이 이제는 어느덧 이 사회의 중산층이 되고 혹은 기득권이 되었습니다. 그분들이, 자신과 자신의 가족들이

살 만해졌다고 해서, 정말 살기 힘든 나라, 이 사회의 구조를 외면하고 있지는 않은지 돌아봐야 합니다. '보보스(BOBOS)'라고 하나요? 부르주아(bourgeois)와 보헤미안(bohemian)을 합쳐서 천박하지 않은 부르주아를 서구에서 그렇게 부릅니다. 경제적 여유를 가지면서 예술적 소양과 자유로운 가치를 중시하는 분들, 정치적으로는 대개 자유주의자들입니다. 건강을 위해서 골프 치고, 안전을 위해서 큰 차 타고, 가족을 위해서 해마다 해외여행을 다닐 수 있는 분들이 왜 힘들게 싸우는 사람들은 외면하고 있을까요? 저는 해고 노동자들이 재정 사업을 한다고 김이라도 팔 때 이분들이 그거 팔아 주는 걸 본 적이 없습니다. 이마트나 인터넷 구매보다 비싸서 그럴까요? 처음에 저는 이분들이 정보가 없어서 그런가 하고 그 내용을 SNS에 올렸습니다. 그랬더니 평소에는 '좋아요'를 자주 누르던 분들이 거기에는 '좋아요'도 누르지 않더군요(웃음). 이분들이 선거 때마다 보수 양당 중 더 낫다는 쪽에 투표하는 것 외에 이 세상을 위해서 무엇을 더 할 수 있는지 스스로 한번 돌아보면 좋겠습니다.

그리고, 자신은 환경운동이라고 노동은 거리를 두고 있지 않은지, 혹은 반대로 노동이라서 환경은 나 몰라라 하는 건 아닌지, 스스로 점검해야 한다고 생각합니다. 혹시 팔레스타인은 외국이라 남의 일로 여기고 있진 않은지, 자신은 여기 살고 그들은 저기 산다고, 그 사이에 국경이 여럿 있다고, 편하게 외면하고 있지는 않은지 말입니다. 아니면, 나는 싸우고 연대도 하니까 환대할 책임은 없다고 생각하고 있지는 않은지요? 나는 과연 환대를 통해 연대가 확장되도록 노력하고 있는지 점검해야 할 것입니다. 혹시 환대는커녕, 나 아니면 올 사람을 나 때문에 못 오게 하고 있지는 않은지, 내가 사람을 내쫓고 있지는 않은지, 이런 생각도 해 봐야 할 것입니다.

연대는 남의 일처럼 보이는 일을 제 일처럼 받아들이는 데서 시작됩니다. 그리고 환대가 되어야 연대가 확장됩니다. 이런 마음이 있는 사회에서, 아니 이런 사회를 만들어야 우리는 저들을 이길 수 있습니다. 물론 그렇다고 누구나 모든 것을 다 할 수 있는 것은 아니고, 무조건 많이 한다고 좋은 일도 아닐 겁니다. 다만 모든 것을 '나도 관계된' 나의 일로 여기고 외면하지 않는 자세가, 자신만 그럴 뿐 아니라 우리 사회가 그런 사회가 되도록 끊임없이 고민하고 애쓰는 자세가 중요할 것입니다. 우리는 결국 우리 사이에 놓인 경계를 허물지 않으면 계속 패배할 수밖에 없는 존재들이기 때문입니다.

③

직접정치

지금까지 저는 노동이 분화된 사회에서 연대와 환대가 필요하다고 얘기했습니다. 지금부터는 연대와 환대를 통해서 직접정치를 구현하자고 얘기하겠습니다. 앞에서 밀양 얘기를 많이했지만 조금 더 하겠습니다. 어쨌든 송전탑은 세워졌습니다. 밀양 행정대집행이 있은 지도 얼마 전에 10년이 지났습니다. "무엇을 승리라 부를 것인가?"에 대한 성찰이 필요합니다.

무엇을 승리라 부를 것인가?

송전탑이 세워져서 우리가 졌고, 언제든 송전탑이 뽑혀야 우리가 이기는 거라면, 그건 아니다 싶습니다. 밀양은 송전탑 반대 주민들과 할매들만의 싸움이 아니고, 연대자를 포함한 모두의 싸움이라서 '우리'라는 표현을 쓰겠습니다. 싸움은 언제나 상대가 있습니다. 우리의 상대는 당시 한전이고 국가권력이었습니다. 만일 그들과 싸워서 송전탑을 못 세우게 했다면, 그건 아마도 당시 우리의 힘이 강했기 때문이 아니라 그들의 정책 의지가 약했기 때문일 것입니다. 그들이 작정한다면 아무도 막을 수 없습니다. 따라서 승리는 당면한 과제의 성취로 말할 수 없는 것입니다. 오히려 싸우는 과정을 통해서 어떠한 우리가 되었느냐로 말해야 할 것입니다. 우리는 충분히 잘 싸웠습니다. 송전탑과, 그 배후의 핵발전소와, 에너지 정책과, 이 사회의 모든 부당한 것들을 드러내고 고발했습니다. 밀양 송전탑 반대 투쟁 19년을 통해서 우리는 '싸울 수 있는 우리'로 변모했고 확장되었습니다. 우리는 강해졌습니다. 연대와 환대를 배웠습니다. 그게 승리입니다.

최근에 '탈탈 낭독회' 몇 군데를 다녀왔습니다. 사석에서는 말도 없고 조용하던 분이 사회를 맡았는데 어찌나 진행을 잘하는지 감동이었습니다. 발언하시는 분 모두에게 과하지 않게 남을 배려하는 모습이 참 좋았습니다. 밀양 투쟁에 열심히 연대하던 어느 단체의 회원이셨습니다. 제가 순천 사는 아는 분한테 "그 단체는 왜 그렇게 대단한 사람들이 모여 있냐?"고 물었습니다. 그분은 "그렇죠?" 그러더니, "오히려 반대일지 모른다. 대단하지 않은 사람들이 모였는데 활동을 통해서 그렇게 변해가는 거 같다"고 대답하였습니다. 지난 6월 8일 밀양 행정대집행 10년 행사에서도 그랬습니다. 한 1천5백 명 모였다는데, 어디서 이런 사람들이 다 왔는지 가슴이 뭉클했습니다. 한 분 한 분 참 대단했던 사람들, 아니 대단하지 않았다가 대단하게 변한 사람들이 모였습니다. 오늘 여기 순천에서도 '밀양 희망버스' 뒤풀이 자리를 따로 가지고 있습니다(2024년 6월 25일, 순천 YMCA 노플라스틱 카페). '연대와 환대'에 대해 얘기하고, 각자 가져온 음식을 나눠 먹고, 기타 치고 노래를 부를 겁니다. 밀양은 살아 있습니다. 우리가 밀양입니다.

말이 나온 김에 승리에 대해 조금 더 말해 봅시다. 노동조합을 예로 들겠습니다. A라는 노동조합은 노사 협조가 잘 되고 투쟁보다는 실리를 추구하는 노조입니다. B라는 노동조합은 원칙을 지키고 협상보다는 조합의 단결력으로 투쟁하는 노조입니다. A와 B, 두 노동조합이 같은 해 임금 협상을 벌였습니다. A는 조합 간부 몇이 나서서 회사와 잘 얘기한 끝에 동종업계 다른 회사보다 조금 더 높은 임금 협상을 체결했습니다. 남이 보지 않게 따로 이면 계약서도 만들어 챙겨 두었습니다. 조합원들에게는 임금 설명회를 돌면서 "우리를 믿고 다 맡겨 주면 된다. 지금은 공개할 수 없지만 이것 말고도 좋은 게 더 있다"고 자랑하고 다녔습니다. 갈수록 간부들 중심의 노조가 되었습니다. B는 사용자 측이 임금 교섭에 나오지 않고 불성실한 태도로 일관하자 바로 투쟁에 들어갔습니다. 지부를 돌면서 현황을 상세히 설명하고 조합원들과 머리를 맞대어 대책을 강구했습니다. 조합원들의 참여도가 높아지고 책임 의식도 늘어났습니다. 노조가 강해지는 것을 못마땅히 여긴 사용자는 B를 더욱 탄압했습니다. 당장의 임금 협상 결과는 초라했습니다. 임금 인상률이 거의 동결에 가까웠습니다.

하지만 나중에 회사들이 어려워지자 A는 회사의 공세에 밀려 그동안 올렸던 임금을 삭감당하고 이면 계약서도 당연히 휴지 조각이 되었습니다. 직원들이 대대적인 구조 조정에 내몰려도 속수무책이었습니다. A는 싸워 본 적이 없고 늘 조합 간부 몇이 사용자와 협상해서 운영해 왔기 때문에 이제 와서 어찌할 도리가 없습니다. A가 전해에 임금 인상률이 높았던 것은 노조가 잘해서 혹은 노조의 힘이 강해서 받아 냈던 것이 아니라 회사가 줄 만해서 췄던 것이었습니다. A의 힘이 아니었던 겁니다. 반면에 B가 있는 회사는 회사가 어렵다고 함부로 직원들 임금을 삭감하거나 구조 조정을 시도하지 못했습니다. 노조의 힘이 강하다는 것을 알고 있기 때문입니다. 노조 간부 몇을 구워 삶아서 될 일이 아니라는 것을 회사는 알았습니다. B는 어려운 상황이 올수록 더욱 강해졌습니다. 더 자주 모이고 더 자주 싸웠기 때문에 싸움을 통해서 강해졌습니다. B는 결국 몇 년 후

그동안 적게 받았던 임금도 제대로 다 받아 낼 수 있었습니다. 이 경우 A와 B, 어디를 승리했다고 말하겠습니까? 당연히 B입니다. 승리는 당면한 과제의 성취로 결정되지 않습니다. 우리가 싸울 수 있는 우리로 변화해 가고 있느냐로 말해야 합니다.

승리의 주체, 결과

그래서 승리의 주체는 외부에 있지 않습니다. 법원의 판결이나 사용자와의 합의서가 승리를 말해 주지 않습니다. 불법파견 소송에서 승소했다고 승리한 거면, 패소했으면 패배한 것입니까? 그럴 수 없습니다. 싸움을 통해서 우리가 강해졌으면 승리한 겁니다. 언젠가는 우리의 것을 다시 찾아올 수 있기 때문입니다. 사용자가 합의서를 써 줘서 승리한 거라면 평생 합의를 못 하고 투쟁하는 노동자는 패배한 겁니까? 그게 아닙니다. 우리가 좋은 방향으로 변화했으면 승리한 겁니다. 여기서 '우리'라는 개념은 확장됩니다. 모든 투쟁은 사회적이기 때문입니다. '우리'는 노동조합 A나 B일 뿐 아니라 그들에게 영향을 받는 사회 공동체의 개인 모두입니다. B의 투쟁이 사회에 알려지고 사회의 진보에 올바른 영향을 미친다면 결국 우리는 승리했습니다. 그래서 승리의 주체는 절대 외부에 있지 않고 내부에, 즉 나와 확장된 우리에게 있습니다. 당장의 결과가 어떻게 따라오든 관계없이 승리는 내가, 우리가 결정하고 규정합니다.

또 하나, 그래서 당연히 승리의 결과는 유예되지 않습니다. 승리는 9년 싸우고 10년 싸워서 결국 어떤 판결을 받느냐, 어떤 합의서를 받느냐에 따라 결정되는 것이 아닙니다. 판결과 합의서가 승리가 아니기 때문입니다. 승리의 주체가 나와 우리라면, 어떤 우리가 되었느냐가 승리라면, 그 결과는 매일매일 눈에 보이지 않게 진행되는 것입니다. 오늘 하루 내가 흘린 눈물이 승리입니다. 오늘 하루 끝이 보이지 않고 매일 반복되는 일상이, 동료와의 언짢았던 관계가, 그럼에도 불구하고 끝까지 싸우겠다고 결의하고, 서로 힘내라고 건네 주던 따스한 말 한마디가 나와 우리를 강하게 만들기 때문에, 우리의 승리는 절대 유예되지 않고 매일매일 조금씩 성취해 가고 있는 것입니다. 승리는 내가, 우리가, 지금 이 순간 성취하는 것입니다.

불평등보고서

다시 선거 얘기를 해 보겠습니다. 지금 선거 연령은 18세입니다. 제가 처음 선거권을 가질 때는 20세였습니다. 대학생 중에도 선거 연령이 안 돼서 선거권이 없는 사람이 있었습니다. 지금은 학생의 경우 고3부터 선거권을 갖습니다. 여성 일반에게 선거권이 허락된 것은 대개 20세기 들어서 1차 세계대전 이후였습니다. 남성 노동자 계급에게 선거권이 허락된 것도 그로부터 50여 년 전 19세기 중후반 무렵이었습니다. 어떤 사람들은 이것을 민주주의 발전의 명백한 증거로 삼습니다. 사회는 정체된 것 같아도 어느새 남성 노동자에게, 그리고 여성에게 선거권이 부여되더니, 이제는 선거 연령도 점점 낮아지고 있다는 것입니다. 우리는 한 걸음 한 걸음 민주주의를 향해 진보하고 있다고 말합니다. 이 시대에 굳이 '희망'을 말하자면 이것도 사실이겠으나, 저는 좀 다른 각도에서 말하고 싶습니다. 이렇게 노동자 민중에게 투표할 권리가 허락되었음에도 아직도 우리 사회는 근본적으로 변한 게 없다는 사실입니다.

불평등에 관한 자료가 있습니다. 『21세기 자본』*이라는 책을

---

* 토마 피케티의 저서(2013). 이 책은 소득 불평등의 근본 원인으로 자본수익률이 경제성장률보다 늘 높기 때문이라는 이론을 제시한다. 자본이 스스로 중식해 얻는 소득(임대료, 배당, 이자, 이윤, 부동산이나 금융 상품에서 얻는 소득 등)이 노동으로 벌어들이는 소득(임금, 보너스 등)을 웃돌기 때문에 소득의 격차가 점점 더 벌어진다. 노동 소득보다 자본 소득으로 부가 집중되는 메커니즘은 재능이나 노력보다는 태생에 따라 삶과 사회가 좌우되도록 할 것이며, 이는 민주주의의 근간을 근본

써서 우리나라에도 많이 알려진 토마 피케티*라는 사람은 자신이 주관하는 세계불평등연구소(World Inequality Lab)에서 『세계불평등보고서』를 발행합니다. 우리나라에 대한 불평등보고서도 2022년 기준으로 나와 있습니다. 피케티는 불평등지수를 상위 10%와 하위 50%로 비교하는데 연간소득과 자산을 기준으로 삼습니다. 이에 따르면 우리나라의 상위 10%의 연간소득은 2억 원, 하위 50%의 연간소득은 1천4백만 원입니다. 월로 계산하면 상위 10%는 한 달에 1천7백만 원 정도를 벌고 하위 50%는 한 달에 1백2십만 원 정도를 법니다. 그렇게 해서 상위 10%와 하위 50%의 소득 격차는 14배가 되었습니다. 프랑스는 같은 해에 소득 격차가 7배라고 합니다. 소득이 누적되면 자산이 되는데, 그렇게 해서 그해에 우리나라는 상위 10%의 자산이 14억 원이 되고, 하위 50%의 자산이 2천7백만 원이 되었습니다. 이 자산 격차는 무려 52배나 됩니다. 우리나라의 못사

적으로 잠식한다. 이에 대해 저자는 극소수의 최고 소득에는 현 수준보다 훨씬 더 높은 세율로 과세하는 것과 국제적으로 동시에 부에 대해 매기는 세금(a global tax on wealth)을 신설할 것을 제안한다.

* 토마 피케티(Thomas Piketty, 1971~): 부, 소득과 불평등에 대해서 연구하는 프랑스의 경제학자. 현재 파리경제대학(PSE)의 교수. 방대한 양의 데이터를 기반으로 한 치밀한 실증 연구로 기존의 주류 경제학이 지향하는 수학적이고 이론적인 고찰이라는 한계에서 벗어났다는 평가를 받는다. 대표적인 저서로는 『21세기 자본』, 『자본과 이데올로기』, 『세계불평등보고서 2018』(공저) 등이 있다.

는 절반이 가진 재산이 고작 2천7백만 원이라는 사실은 충격적입니다. 2천7백만 원이면 대개 전세보증금으로도 못 쓰는 돈입니다.

불평등보고서가 보여 주는 것은 한마디로 우리나라가 세계에서 가장 불평등이 심한 나라라는 사실입니다. 불평등을 줄이기 위해서는 부자들에게 세금을 많이 걷어야 합니다. 우리나라는 세금과 여러 가지 공적 부담금 성격으로 소득의 28%를 걷는데, OECD(38/198개국) 평균은 33%를 걷고, 덴마크나 프랑스는 45%를 걷는다고 합니다. 우리가 OECD 평균보다 5%포인트를 적게 걷고, 덴마크 등 국가에 비하면 17%포인트 정도나 세금 등을 적게 걷고 있는 겁니다. 우리나라가 OECD 평균 정도로만 걷어도 연간 100조 원의 예산을 추가할 수 있습니다.* 국가 전체 예산이 650조 원 정도 되니까 100조 원이면 상당히 큰돈입니다. 그 돈으로 어느 정도는 사회적 불평등을 줄일 수 있습니다. 우리나라도 선진국인데 다른 나라가 하는 걸 우리가 왜 못 하겠습니까? 문제는 현존하는 정치 권력이 기업과 자본의 편, 돈 많은 사람들의 편이라는 겁니다. 그들은 지금의 상황

---

* 세금과 공적 부담금: 홍세화, 「세금 폭탄론에 부화뇌동하는 사람들」, 월간 『작은책』 2022년 1월호 참조.

을 바꿀 생각이 전혀 없어 보입니다.

아쉽게도 2023년 기준으로는 동일한 지표의 불평등 자료를 찾지 못했습니다. 대신 자료를 뒤지다 이런 기사를 발견했습니다. 우리나라는 세계에서 가장 불평등이 심한 나라라는 오해를 받고 있으나, 그렇지 않고 오히려 국내 소득 불평등 상황이 개선되고 있다는 내용의 기사입니다. 한국은행 금융통화위원이라는 서울대 교수 등이 「20년간 한국의 소득 불평등과 이동성」이라는 보고서를 발표했습니다. 이 보고서는 소득 상위 10%의 '노동자'와 하위 10% '노동자'의 실질소득을 비교했습니다. 내용은 하위 10%의 실질소득이 지난 20년 동안 701만 원에서 1,164만 원으로 65.9% 상승했지만, 그동안 상위 10%의 소득은 7,376만 원에서 8,880만 원으로 20.4%만 올라서 그 격차가 줄어들었다는 겁니다.* 언뜻 보면 불평등이 줄어든 결과로 보이지만, 우리나라 전체 인구의 소득을 대상으로 하지 않고 유독 노동자만 대상으로 했다는 데 의문이 있습니다. 우리가 불평등이라고 할 때는 노동자 간의 불평등을 말하는 게 아닙니다. 노동자 민중과 재벌, 기업, 자본가들과의 불평등, 부동산이나 금융 소득이 많은 불로소득자들과의 불평등을 말하

---

* 소득 불평등 개선론: 「소득 불평등 대폭 개선」, 『한국경제신문』 2024. 6. 18. 참고.

는 것입니다. 개선해야 할 불평등도 이 부분인데 이들의 소득을 아예 빼고 비교를 하면 이게 무슨 소용이 있겠습니까? 산재 사망과 관련하여 '재해조사 대상 사망 사고'라는 부가 통계자료를 만들어서 마치 산재 사망이 2천 명 이상이 아니라 6백여 명인 것처럼 현실을 기만하고 은폐하더니, 불평등보고서에서도 이런 시도가 엿보입니다. 이런 보고서 역시 우리나라의 불평등 현실을 은폐하고 기만하는 데 사용될 뿐입니다.

귀족정치

조금 전에 선거와 불평등 얘기를 했습니다만, 우리가 선거로 뽑은 우리나라 국회의원의 평균 재산이 무려 33억 원입니다. 2024년 5월에 새로 구성된 22대 국회의원들의 평균 재산이 그렇습니다. 경실련 자료를 보면, 당선자 전체 재산 평균은 1인당 33억 3천만 원으로, 국민 평균 재산 4억 4천만 원의 7.6배에 이릅니다. 이는 국민 순자산 상위 1% 가구 기준선인 32억 8천만 원(2022년 기준)도 뛰어넘는 액수입니다.* 『세계불평등보고서』

---

* 국회의원 평균 재산: 경제정의실천시민연합(경실련) 2024. 5. 21. 발표 자료 참고.

에 따르면, 우리나라 상위 10%의 자산이 14억 원이었습니다. 상위 10%가 14억 원인데 국회의원이 33억 원이면 이들은 도대체 상위 몇 프로에 속하는 사람들입니까? 경실련 자료에 의하면 상위 1%에 속하는 사람들입니다. 또한 중앙선거관리위원회 발표에 따르면, 22대 국회의원 당선자의 평균연령이 56.3세입니다. 성비는 총 300명 중에서 남성이 240명, 여성이 60명으로 남성이 80%를 차지했습니다. 우리나라 국회의원은 돈 많은, 50대, 남성이 오르는 자리입니다. 재산, 연령, 성별 등 모든 기준에서 평범한 시민들을 대표하지 않습니다. 선거를 통해 특정 집단만 의회에 진출한다면, 대의민주주의가 제대로 작동하지 않으며 정치적 평등이 심각하게 침해당할 우려가 있습니다.

선거는 '민주주의의 꽃'이 아니라 '민주주의의 허상'입니다. 우리는 선거를 통해서 도로 귀족을 뽑아 났습니다. 우리는 선거권을 계속 가져왔지만, 그렇게 해서 우리가 뽑은 자들은 다시 귀족들입니다. 귀족과 성직자와 왕족들이 세상을 지배하던 그 시대로 돌아갔습니다. 19세기 중후반 이전으로, 150년 전으로 돌아갔습니다. 아니 선거권의 유무와 관계없이 정치는 언제나 귀족들 수중에 있었다고 말하는 편이 더 정확하겠습니다. 이것을 '귀족정치'라 부르겠습니다. 우리가 귀족노조가 아니라 저들이 귀족정치입니다. 그리고 귀족정치의 특징은 귀족을 위한 정치를 한다는 것입니다.

저는 작년에 허리디스크로 한동안 고생한 적이 있습니다. 병원에서는 수술을 권했습니다. 수술비가 4백만 원이었습니다. 그 전에 이런저런 병원에 다니느라 이미 많은 돈을 썼기 때문에 추가로 그런 수술비까지 부담할 자신이 없었습니다. 그래서 비수술 치료를 하기로 했고 아직도 하고 있습니다. 부천에 사는 막내 누나와 통화할 일이 있어 이런 사실을 얘기했더니, 얼마 전 막내 매형도 허리를 다쳐 강남에 있는 병원에서 수술했는데 수술비가 7백만 원이나 나왔다고 합니다. 전해에도 허리를 다쳐서 수술했는데 그때는 5백만 원 들었다고 했습니다. 막내 누나는 올해 나이가 일흔이고, 매형은 올해 일흔하나입니다. 막내 누나는 중학교를 중퇴하고 봉제 공장 시다로 들어가서 아직도 미싱을 밟고 있습니다. 매형은 택시를 하다가 이제는 화물이 돈이 더 된다고 화물을 합니다. 무거운 짐을 싣고 운전해 가서 짐을 내리는 일까지 혼자 다 해야 합니다. 그러다 허리를 다친 겁니다. 나처럼 수술 안 하고 버티면 돈을 못 버니까 돈이 들더라도 수술하고 또 일합니다. 하지만 그 일을 계속하는 한 다시 다칠 겁니다. 막내 누나네는 젊었을 때 악착같이 일해서 엘리베이터 없는 작은 아파트를 하나 장만했습니다. 그 사이에 자식들이 자라니 또 악착같이 일해서 아이들 학비를 댔

습니다. 이제는 다 키워서 독립시키고 좀 살 만해졌나 싶었더
니, 다시 자신들 병원비를 대느라 여전히 악착같이 일하는 삶
을 이어 가야 합니다. 이 나라 노동자 민중의 삶이 대체로 이와
다르지 않습니다. 도대체 이들이 번 돈은 어디에 갔습니까? 노
동자 민중이 생산한 사회적 가치는 어디로 갔습니까? 귀족에
게! 국회의원 33억 자산에! 기업과 학교 재단과 병원에! 이 사
회의 기득권 상층부 인사들에게 갔습니다. 이게 귀족정치의 특
징입니다.

대의정치

우리는 민주주의라는 이름으로 선거권을 행사하지만 '노동
자 민중이 주인 되는 세상'을 뜻하는 진정한 의미의 민주주의
는 아직 이루지 못했습니다. 아니 점점 더 멀어지고 있습니다.
선거제도는 나를 대신하는 그들을 위한 정치, 즉 '대의정치'의
일환이 되었기 때문이다.

어떤 사람들은 똑똑한 사람을 국회로 보내야 한다고 말합
니다. 소위 진보 정당이라는 곳에서 더 많은 의원이 배출돼야
한다고도 말합니다. 제 생각은 다릅니다. 그렇게 되기도 어렵

지만, 그렇게 되더라도 상황은 별로 나아지지 않을 것입니다. 의회는 '대화와 타협'의 장소이기 때문입니다. 올바른 의원이 들어가서 만일 자신의 뜻을 굽히지 않으면 고립되고 도태됩니다. 아무도 같이 놀아 주지 않습니다. 법안 하나 제대로 상정하지 못하고 선명성만 강조하다 나오기 십상입니다. 반대로, 의회에 들어가서 현실적으로 도움이 되는 일을 하려면 그들 무리와 어울려야 하고 결국 그들과 비슷한 일을 해야 합니다. 시민단체나 진보 정당에서 두각을 나타내던 사람이 의회에 가서 별 볼 일 없는 국회의원 300명 중의 하나가 되는 경우를 우리는 숱하게 봐 왔습니다. 대통령은 좀 다르지 않을까요? 마찬가지입니다. 대통령이라는 자리도 더 넓은 의미에서 대화와 타협의 장에 둘러싸여 있기 때문입니다. 노동자 민중을 위하는 올바른 대통령이 자신의 뜻을 굽히지 않으면 칠레의 아옌데*처럼 될 것이고, 자신의 뜻을 굽혀 적당히 타협하면 브라질의 룰라** 처럼 될 것입니다.

아옌데 전 대통령은 1970년 대통령 선거에서 승리하여 남

---

* 살바도르 아옌데(Salvador Allende, 1908~1973): 칠레 전 대통령. 1970년부터 1973년까지 재임.
** 루이스 이나시우 룰라 다 시우바(Luiz Inácio Lula da Silva, 1945~): 브라질의 제35대, 제39대 대통령.

미 최초로 민주 선거를 통해 집권한 사회주의 정당의 대통령
이 되었습니다. 구리 광산과 은행 등 대규모 산업을 국유화하
고, 사유 재산도 상당 부분 국유화하여 토지개혁을 시행하였
습니다. 대다수 민중이 가난으로 고통받는 경제적인 불평등을
해소하는 것이 목표였습니다. 하지만 아옌데의 개혁정치에 칠
레에서의 특권을 잃을 것을 염려한 미국과 다국적기업들이 아
옌데 정부와의 경제적 협력을 거부하였습니다. 파업과 태업,
물가 인상을 조장하고 칠레 경제를 파멸시키기 시작했습니다.
이에 기다리고 있던 군부가 1973년 9월 11일 미국의 지원을
받아 쿠데타를 일으켰습니다. 아옌데는 아우구스토 피노체트
의 군사 쿠데타에 대항하여 직접 총을 들고 싸우다 마지막에
이르러 산티아고의 모네다궁(칠레의 대통령궁)에서 자살하였습
니다.

룰라는 브라질의 제35대, 제39대 대통령입니다. 2002년과
2006년 브라질 대통령 선거에서 당선되어 총 8년의 임기를 마
치고 퇴임하였으나, 2022년 선거에 재출마 후 당선되어 브라
질 최초의 3선 대통령이 되었습니다. 아시다시피 룰라는 노동
운동가 출신입니다. 한때는 사회주의를 지지했으나, 취임 후에
는 스스로 노동자당의 중도파라고 자처하며 자본주의의 틀을
유지한 채 각종 개혁을 시도하겠다고 선언했습니다. 룰라가 구

성한 내각에는 우익 인사들이 다수 포함되어 있었으며, 룰라는 이들이 내놓은 정책을 부분적으로 시행하였습니다. 급진적인 사회변혁을 포기하고 퇴직연금, 조세, 사법제도 등 제도적 개혁을 추진하는 데 그쳐, 끝까지 친기업적이라는 비판을 면치 못했습니다.

사실 룰라까지 갈 필요도 없습니다. 문재인 전 대통령을 보십시오. 그는 대통령 후보 시절에 최저임금 1만 원을 공약했습니다. 그러더니 당선되고 나서는 재임 기간 중에 1만 원을 달성하겠다고 말을 바꿨습니다. 기가 막힐 노릇입니다. 최근 10년간 최저임금 인상률이 보통 6~8%였으므로 그건 공약이라 할 것도 없이 그대로 두면 달성될 일이었습니다. 그런데 더 놀라운 건, 그가 재임 기간 중에도 기어이 최저임금 1만 원을 달성하지 않았다는 사실입니다. 퇴임 2~3년을 남겨 두고 그는 최근 인상률에 한참 못 미치는 2.87%와 1.5%를 인상하며 기업의 눈치를 살폈습니다. 마지막 해의 1.5%는 최저임금 역사상 역대 최저 인상률을 기록했습니다.* 박근혜를 퇴진시키고 우리가

---

* 최저임금 인상률: 문재인 정권의 최저임금 인상은 2017년 6,470원에서 2018년 7,530원(16.4% 인상), 2019년 8,350원(10.9% 인상), 2020년 8,590원(2.87% 인상), 2021년 8,720원(1.5% 인상)으로, 마지막 해 1.5%는 역대 최저 인상률이다. 윤석열 정권 들어서는 2022년 9,160원(5.1% 인상), 2023년 9,620원(5.0% 인상), 2024년

뽑은 대통령이 말입니다. 혹시 최저임금은 최저임금위원회에서 결정하는 것이지 대통령의 소관이 아니라고 항변할 수 있을까요? 최저임금을 결정하는 위원회를 보면 노동자를 대표하는 위원, 사용자를 대표하는 위원, 공익을 대표하는 위원들이 각 9인으로 구성되어 있습니다. 노동자위원과 사용자위원이 동수라는 특성상 최저임금은 대체로 공익위원들에 의해 정해지는 경향이 있습니다. 하지만 공익위원은 대통령이 추천하기 때문에 대통령과 정치 코드가 맞는 사람들이 위촉되고, 직업은 최저임금과는 거리가 매우 먼 교수인 경우가 대부분입니다. 최저임금을 대통령이 결정하지 않았다고 어떻게 말하겠습니까?

대의정치가 아닌 직접정치를

저는 여기서 '대의정치'라는 용어를 '대의제도'와 조금 다른 의미로 사용하고 있습니다. 대의제도(代議制度, representative system)는 주권자인 국민이 직접 국가의사를 결정하지 아니하

9,860원(2.5% 인상), 2025년 10,030원(1.7% 인상)으로 마지막 1.7%는 역대 두 번째로 낮은 인상률을 기록 중이다.

고 국회의원이나 대통령 등 그들의 대표자를 선출하여 그 대표자로 하여금 국민을 대신하여 결정하게 하는 제도입니다. 대의제의 본질은 통치자와 피치자의 구별을 전제로 하여, 피치자인 국민은 통치권을 유보하고, 현실적인 결정권과 그에 관한 책임은 그들에 의하여 선출된 대표자인 통치권자들에게 일임한다는 데 있습니다. 그리고 이때 국민과 대의기관의 관계, 즉 대표관계는 자유위임 관계를 이념적 기초로 합니다. 그래서 대의기관의 의사결정이 국민의 현실적인 의사와 일치하지 아니하는 경우라도 국민의 동의가 있는 것으로 간주합니다. 국민이 스스로 선출한 대표자이기 때문에 그들이 행사하는 국가권력에 동의가 있었다고 보자는 겁니다. 하지만 바로 이러한 한계 때문에 대의제도는 흔히 대의정치로 변질됩니다.

여기서 제가 쓰는 '대의정치'라는 용어는 대신하는 자들이 그들에게 권력을 위임한 사람들을 위해 정치를 하는 게 아니라 자신들을 위해 정치를 한다는 뜻입니다. 노동자 민중의 힘이 약할 때 나타나는 현상입니다. 대의자는 대의자를 위한 정치를 합니다. 귀족은 귀족을 위한 정치를 합니다. 그래서 대의정치가 되고 귀족정치가 됩니다. 우리는 귀족정치로 귀결되는 대의정치를 부정해야 합니다. 대신 같은 논리로 우리는 '직접정치'를 주장해야 합니다. 우리가, 세상을 바꾸기를 원하는 우리가,

우리를 위한 정치를 해야 합니다.

대의제의 한계를 지적하는 논리 중에 '참여민주주의'나 '전자민주주의'라는 말을 대안적으로 쓰는 경우가 있습니다. 참여민주주의는 허용된 범위 내에서 시민들의 다양한 의견을 수렴하는 방식을 취하고 있습니다. 전자민주주의라는 말은 특히 오늘날 정보처리시스템이 급속히 발전하면서 참여 방식을 정보기술에 접목하여 가능해졌습니다. 하지만 이런 것들은 권력의 이전이 아니라서 여기서 주장하는 직접정치와는 아무런 관련이 없습니다. 직접정치는 지금까지 대표자들에게 유보해 왔던 통치권을 앞으로 우리가 직접 행사하겠다는 것을 의미합니다. 이제 우리는 누구를 뽑아서 우리의 뜻을 대신 실현시켜 달라는 의미의 정치가 아니라, 오히려 누구를 뽑더라도 그들이 우리의 뜻에 복종할 수밖에 없도록 하는 정치를 실행하겠다는 겁니다.

현대 국가에서 직접정치라니 그게 가당하기나 하냐고 반문할 수 있습니다. 여기서 말하는 직접정치는 당연하게도 우리가 모두 국회의원이 되고 대통령이 되는 것을 말하지 않습니다. 오히려 우리가 모두 반(半) 데모꾼이 되는 것을 말합니다. 올바른 싸움을 하는 현장에 찾아가서 구호를 외치고 팔뚝질을 하고 같이 싸우는 겁니다. 생업이 있어 매일 그럴 수는 없으니 대신 매일 그렇게 싸우겠다는 제 정당과 시민단체를 후원하는 겁니다. 진보정당에 당원으로 가입하고, 시민단체의 회원이 되고, 내부 의사결정에 관여하여 목소리를 내는 겁니다. 그 과정에서 연대와 환대를 실천하는 겁니다.

연대와 환대는 혼자 할 수 없습니다. 운동가만, 활동가만 하는 게 아닙니다. 누가 하느냐보다 어떻게 연결되느냐가 중요합니다. 모두가 할 수 있는 일이 되어야 합니다. 그래야 확장되고 큰 단결을 만들고 세상을 바꿀 수 있습니다. 싸울 수 있는 우리가 되고, 그것을 확장합시다! 이러한 우리가 충분히 되었을 때 이러한 사회가 따라올 것입니다. 이러한 사회는 대의제도 자체를 부인하지 않습니다. 우리가 부정하는 것은 귀족정치로 귀결되는 대의정치입니다. 직접정치가 구현된 사회에서 대의제도는 노동자 민중의 뜻을 충실하게 관철하는 사무기구에 불과합니다. 그들은 사무원으로서 월급을 받고 우리에게 위임받은 행정 업무를 처리할 뿐입니다. 권력은 우리에게 있습니다. 이런 세상이 불가능할까요? 저는 가능하다고 생각합니다. 연대와 환대로 더 크고 단단한 우리를 만듭시다. 여기까지 하고 마치겠습니다. 들어 주셔서 감사합니다.

나오며

    일전에 어떤 아는 분이 '연대와 환대' 단체를 만들자는 제안을 했다. 어떤 뜻으로 한 말인지 잘은 모르겠으나 나는 여기서 내 식대로 그 제안을 이어 가고 싶다. 정식 단체라도 좋고 그저 모임이라도 좋으니, 어떻게든 모여서 연대와 환대를 실천해 보자는 것이다.

    여기서 말하려는 것은 단지 우리가 이번에 밀양에 갔듯이 앞으로도 여기저기 연대를 열심히 다니자는 뜻이 아니다. 물론 사드 반대 소성리* 주민들도 찾아가고, 군산 미 공군기지 반대

---

* 사드 반대 투쟁: 2016년 8월 성주군 초전면 소성리에 있는 구 성주골프장에 미군의 고고도 미사일방어체계인 사드(THAAD) 배치가 사실상 결정되면서 소성리에서 본격적인 반대 집회가 열렸다. 2017년 4월 사드가 배치된 이후에도 현재까지 성주

팽팽문화제*에도 가고, 전국 각지에서 투쟁하는 해고 노동자들에게 연대 가는 것도 중요한 일이다. 하지만 나는 우리가 그 전에, 아니면 병행해서, 우리 자신에게 연대하는 법을 배웠으면 좋겠다.

연대가 무엇인지, 연대가 얼마나 중요한지, 그러기 위해서 환대는 어떻게 해야 하는지를 우리는 사실 생각해 본 적이 없다. 당연히 실험해 본 적도 없다. 그러니 일회성 연대에 그치고 말거나, 늘 하던 대로 밀어붙이다가 자기도 지치고 남도 떨어져 나가게 한다. 그러지 말고 가까이서 우리 자신에게 연대하자. 우리 주위와 우리 이웃에, 바로 이 자리에도 연대가 필요한 삶이 있다. 우리는 모두 제각기 삶이 힘들고 또 가끔은 두렵고 외롭다. 우리는 모두 연대가 필요한 사람들이다. 우리가 우리부터 시작하자는 것은 그 속성이 본질적으로 같기 때문이다.

와 김천에서 원불교 등 종교단체와 각지에서 온 연대자들이 여전히 반대 집회를 이어 가고 있다.

* 팽팽문화제: 군산 미 공군기지 옆에 있는 하제마을 팽나무 아래에서 매달 열리는 행사를 말한다. 주한미군이 탄약고 안전거리 확보를 이유로 하제마을의 강제수용을 요구하는 바람에 주민들은 지난 2005년 이후 162만여㎡(49만 평)의 땅을 강제수용 당하고 뿔뿔이 흩어졌다. 그 자리에 600년 된 팽나무 한 그루가 남았다. 마을 주민과 연대자들은 2020년 가을부터 한 달에 한 번, 팽나무와 함께 이 땅을 지키고자 하는 마음으로 팽나무 아래에 모이고 있다.

가장 가까이 있는 존재들과 연대하고 환대하지 못한다면 다른 누구와도 마찬가지가 될 것이다. 모여서 어디 갔다고 다 연대가 아니다. 관계하는 과정을 통해서 서로를 신뢰하게 하고 확장하게 하지 못하면 우리는 언제까지고 실패할 따름이다. 지금처럼 우리는 우리를 그저 도구적으로 사용하고 또 그렇게 사용되고 말 것이다. 그러면 점점 말라 갈 것이다.

우리 가운데 귀촌해서 농사짓는 사람이 있다. 그러면 그 사람에게 연대하자. 돕는 게 아니라 주 · 객체가 없으므로 그 일이 바로 내 일이다. 그 사람은 우리를 환대하자. 우리에게 역할을 주고 모두 저마다의 자리를 가지게 하는 것이다. 그래서 연결되는 우리를 눈으로 확인하자. 우리 가운데 목사님이 있다. 그러면 그분의 예배에 우리가 연대하자. 교인이 되라는 뜻이 아니라 '그분의' 하느님이 어떤 분인지 우리가 이해하도록 노력하자는 것이다. 그리고 우리 모두의 안에 있는 신적인 영역을 교환하고, 겹치고, 확대해 보자. 종교와 문화가 다르다고, 혹은 국가나 인종이 다르다고, 혹은 성정체성이 다르다고 연결될 수 없다면 싸워야 할 상황이 벌어진 사람들과 어떻게 연대할 수 있겠나? 우리 가운데 가수가 있다. 그러면 그분의 공연에 우리가 연대하자. 그 사람이 무대와 거리와 투쟁의 현장에서 전하고자 하는 소리에 귀 기울이고 결국 모든 아름다움이 정의로

통하는 길목에서 같이 만나자. 그리하여 연대만이 세상을 바꿀 수 있다는 우리의 진심을 서로에게서 확인하자. 만일 누군가가 누군가의 삶에 연대하고 그가 그를 진심으로 환대한다면 우리는 더 이상 고립된 나로 존재하지 않을 것이다. 존재에 대한 연민과 관계를 통해 사회를 복원하려는 열망 없이, 틀에 박힌 형식만 따르고 건조한 대의명분만 되풀이해서는 연대와 환대가 처음부터 불가능하다. 단결은 주장으로 오지 않는다. 조직은 문서로 작동하지 않는다.

　더구나 세상에는 인간만 살고 있지 않다. 인간이 아닌 비인간, 즉 다른 생명이 살고, 생명이 아닌 비생명, 즉 다른 물질이 함께 존재하고 있다. 이 모두가 자연을 이룬다. 우리가 사람에 지칠 때도 있다. 사람에 지친 어떤 작가는 같이 살던 개의 눈동자를 바라보다가 사랑의 가능성을 깨달았다고 한다. 개가 맹렬하게 짖으면서 사랑하지 않는 것이 유죄임을 가르쳤다고 썼다.* 여름내 천변 언덕에는 잡초를 자를 때 함께 베어 나간 자리에서 낮달맞이꽃이 다시 피어났다. 그 옆으로 오후 4시부터 핀다는 분꽃(four o'clock flower)이 고단한 밤의 일과를 마치고 이제 막 잠이 들었다. 사랑은 이들도 가르친다. 긴 장마를 마치고

---

* 김도언, 『홍대에서의 바람직한 태도』, 강, 2024, 46쪽.

불볕더위를 준비하는 하늘이 높은 구름을 만들었다. 인간을 제외한 자연은 늘 우리를 먼저 환대했다. 연대가 부족해도 환대하는 자연처럼 이제는 우리가 모두를 연대할 차례다. 연대와 환대는 이렇게 가까이서 시작될 것이고, 여러 과정과 공간과 시행착오를 거쳐서 결국 이렇게 가까이서 완성될 것이다.

밀양과 여러 현장 투쟁에서 배운 우리 시대 운동론

연대와 환대

초판 1쇄 발행 2024년 10월 1일

지은이 박지호
펴낸이 오은지
책임편집 변홍철
편집 오은지
제작 세걸음

펴낸곳 도서출판 한티재
등록 2010년 4월 12일 제2010-000010호
주소 42087 대구시 수성구 달구벌대로 492길 15
전화 053-743-8368 | 팩스 053-743-8367
전자우편 hantibooks@gmail.com
블로그 www.hantibooks.com

ⓒ 박지호 2024
ISBN 979-11-92455-59-4 04300
ISBN 978-89-97090-40-2 (세트)